Editorial

Ich fühl' mich wohl in meinem Körper

Liebe Pädagoginnen und Pädagogen,

sich selbst kennen und annehmen zu lernen, das ist der Schwerpunkt in der Ihnen vorliegenden PeP-Mappe. Thema ist es, den Kindern Raum und Zeit zu geben, damit diese ihren Körper besser kennen lernen. Denn nur wer sich selbst kennt und annimmt, kann Unterschiede bei anderen Menschen sehen und akzeptieren.

Entspannung und Körperwahrnehmung sind bei diesem Lernprozess unterstützende Schritte. Deshalb liegt ein Schwerpunkt dieser Mappe auf der Wahrnehmung und dem Fühlen des eigenen Körpers, dem Entspannen und In-sich-Hineinhören. Die Kinder sollen ihren Körper erproben, seine Fähigkeiten und Grenzen kennen lernen, um Sicherheit im Umgang mit dem eigenen Körper zu erlangen.

Doch setzen Sie die Kinder und sich nicht unter Druck. Geben Sie den Kindern Zeit für Regeneration und Entspannung. Wichtig ist auch, dass Sie die Kinder ganz ausdrücklich auffordern zu sagen, wenn ihnen Berührungen oder Situationen unangenehm werden. Dies führt zu gegenseitiger Akzeptanz und gegenseitigem Respekt voreinander.

Viel Spaß bei der Entdeckungstour durch den eigenen Körper wünschen Ihnen

Sandra Hänsch   *Gabriele Wensky*

Gabriele Wensky und Sandra Hänsch
leiten als Sozialpädagoginnen eine AWO-Kindertagesstätte in Hildesheim.

Inhalt

Projektrahmen

Seite 3 – 6 .... **Thema:** Unser Körper

Aktionen

Seite 7 .... **Projektvorschlag**

Seite 8 – 18 .... **Forschen und Entdecken:** Körperrallye / Versuche mit dem Pulsschlag / Atembilder / Versuche mit den Ohren / Körperfäden / Mädchen oder Junge? /

Seite 19 – 30 .... **Gestalten:** Wir gehören zusammen / Glücksbilder / Freundschaftsdecke / Malen mit Rasierschaum / Fühlwand / Gipssäule /

Seite 31 – 40 .... **Bewegen und Musizieren:** Körperreise / Barfußspiele / Verwöhnkarussell / Lieder /

Seite 41 – 52 .... **Spielen:** Rund um den Hörsinn / Sehen und beobachten / Fühlen, tasten, spüren / Bewegungsspiele / Geschicklichkeitsspiele mit Wäscheklammern / Wer bin ich ich und wer bist du? /

Seite 53 – 58 .... **Feiern:** Das Fest der Sinne /

Service

Seite 59 .... **Stoffsammlung**
Seite 60 .... **Redewendungen von Kopf bis Fuß**
Seite 62 .... **Literatur / CDs / Spiele / Internetadressen**
Seite 64 .... **Impressum**

Ich bin ich und wer bist du?

Sich selbst kennen und annehmen, Unterschiede zu anderen sehen und akzeptieren, ist für Kinder ein wichtiges Thema. Die Auseinandersetzung mit dem eigenen Körper und die Selbst- und Fremdwahrnehmung ist schon im Kindesalter von Bedeutung. Dies gilt sowohl für das eigene als auch für das andere Geschlecht. Etwa jedes fünfte Kind, das in eine Kindertagesstätte kommt, macht zum ersten Mal Erfahrungen mit Gleichaltrigen des anderen Geschlechts. Ebenso wichtig ist es, den Kindern deutlich zu machen, dass es dicke und dünne, kleine und große, behinderte und nichtbehinderte Kinder gibt.

Kinder machen sich ein Bild von sich selbst, indem sie wahrnehmen, wie andere auf sie reagieren. Dazu gehört, dass sie zuerst einmal sich selbst, ihren Körper, ihre Stärken und ihre Schwächen bewusst wahrnehmen lernen. Ein Kind, das sich selbst bewusst wahrnimmt, wird sensibler für andere und für seine Umwelt. Das Bewusstmachen von Stärken fördert das Selbstwertgefühl. Denn: Wem etwas zugetraut wird, der traut sich auch selbst etwas zu. Das bedeutet aber auch, sich und seine Leistungen einschätzen zu lernen, sich mit möglichen gesundheitlichen Folgen bei körperlichem Fehlverhalten auseinander zu setzen. In diesem Sinne dient die Auseinandersetzung mit dem eigenen Körper auch der Unfall- und Gesundheitsprophylaxe, schafft sie ein Bewusstsein für Haltungsschwächen, schlaffe Muskeln, Übergewicht, auffällige Motorik, psychische Instabilität, soziale Isolation. All diese Themen gehören heute zum Alltag vieler Kindertagesstätten.

Durch Wahrnehmung sich selbst und die Umwelt erleben

Der Wunsch möglichst viel zu erleben, ist nicht nur bei uns Erwachsenen, sondern auch bei Kindern sehr ausgeprägt. Äußere Einflüsse wie Konsumgüter und immer aufregendere Freizeitangebote verstärken dieses Bedürfnis. Viele Menschen nehmen sich oftmals zuwenig Zeit, um sich auf sich selbst zu besinnen. Freizeitstress gehört mittlerweile sogar bei Kindern zum Alltag.

Was aber beinhaltet Erleben? Grundsätzlich hat Erleben mit Wahrnehmung zu tun. Jeder Mensch ist ständig neuen Reizen ausgesetzt, die er wahrnimmt und erlebt. Wahrnehmung ist ein Prozess, der die Aufnahme von Informationen aus Umwelt- und Körperreizen, deren Weiterleitung, Koordination und Verarbeitung im Gehirn beinhaltet. Dieser Ablauf lässt sich nicht auf einen rein mechanischen Vorgang reduzieren. Vielmehr umfasst die menschliche Wahrnehmung einen aktiven, ganzheitlichen, selektiven und subjektiv-individuellen Prozess. Die Reihenfolge der Wahrnehmungsordnung verläuft bei gesunden Menschen gleich.

Wie viel und was der Einzelne erlebt, hängt unter anderem davon ab, welche Bedürfnisse und Interessen er hat und ob er durch Behinderungen in seiner Wahrnehmungsfähigkeit eingeschränkt ist. Viele Nicht-Behinderte sind sich ihrer Wahrnehmungen oftmals nicht bewusst, erleben beispielsweise das Riechen einer duftenden Blume oder das Sehen von Farben als selbstverständlich. In der Regel unterscheiden wir zwischen Tast-, Geruchs-, Gehör-, Geschmacks- und Sehsinn. Der Tastsinn gilt jedoch als so komplex, dass er oftmals in seine Qualitäten unterteilt wird: Druck-, Wärme- und Kraftsinn. Des Weiteren umfasst er u. a. den Schmerzsinn und den Gleichgewichtssinn.

 **Thema**

Bei Kindern ist die bewusste Wahrnehmung besonders wichtig. Sie dient als Informationsspeicher und baut die Persönlichkeit des Kindes auf. Für Sie als pädagogische Fachkraft bedeutet dies, den Kindern Reize zum Sich-selbst-Erleben zu bieten. Was und wie viel ein Kind davon aufnimmt und als Informationen verarbeitet, wird jedes Kind je nach Alter, Stand seiner Entwicklung und vor dem Hintergrund seiner bisherigen Erfahrungen selbst entscheiden. Die Kinder brauchen völlige Freiheit in der Wahrnehmung sowie bei der Gestaltung und bei der Darstellung. Unterstützung und Anleitung brauchen sie, um ihre Wahrnehmungen zu strukturieren.

Wahrnehmung ist ein aktiver Prozess unseres Gehirns. Die Frage des Bewusstseins spielt dabei eine wichtige Rolle. Verschiedene Sinnesorgane sind stets gleichzeitig an fast jeder Wahrnehmung beteiligt. Das ist für ein effektives Erleben und Lernen unerlässlich. Die größte Informationsspeicherung wird durch den Einsatz aller Sinne erreicht, die Nicht-Behinderte selbstverständlich nutzen, ohne die Wirkung der einzelnen Sinne gesondert zu beachten.

Das effektive Speichern und Lernen wird heutzutage immer bedeutender. Dies ist nicht zuletzt auf das schlechte Abschneiden deutscher Schulkinder im internationalen Vergleich (PISA-Studie) zurückzuführen. Wer sich mit Kindern und ihrer Bildung beschäftigt, sollte wissen, wie der Mensch wahrnimmt und Informationen speichert:
20 Prozent durch Hören
30 Prozent durch Sehen
50 Prozent durch Hören und Sehen
70 Prozent durch Hören, Sehen und Selbstbeitrag
90 Prozent durch anschließendes Üben
90 Prozent durch Tasten und Fühlen
Der Bereich des Erlebens ist sehr umfassend.

Kinder sollten sich über die Wichtigkeit ihrer einzelnen Sinnesorgane bewusst werden und sie bewusst getrennt voneinander erleben. Sie werden fasziniert sein, welche Fähigkeiten ihr Körper hat. Das Projekt Körper wird den Kindern mit Sicherheit viel Spaß machen. Durch die verschiedenen, abwechslungsreichen Aktionen werden die Kinder sich und auch ihre Umwelt einmal aus einer anderen Perspektive erleben.

Sinneswahrnehmung nach Kükelhaus

Viele Bereiche der Sinneswahrnehmung basieren auf den Lehren von Hugo Kükelhaus (1900 bis 1984). Hugo Kükelhaus war ein Universalgelehrter, der als freier Schriftsteller, Bildhauer, Grafiker, Berater und Planer für organgerechte Bauweise im Klinik-, Heim- und Schulhausbau tätig war. Ein in Deutschland sehr bekanntes, nach seinen Vorgaben entwickeltes Projekt ist der Sinnespark in Bremervörde. Kükelhaus entwickelte ein „Erfahrungsfeld der Sinne", das 1967 zum ersten Male auf der Weltausstellung in Montreal gezeigt wurde. Später – vor allem in den 80er Jahren – beeinflusste es die Gestaltung zahlreicher Kindergärten, Heime, Schulen, Universitäten und Museen.
Kükelhaus beschäftigte sich mit der Frage, wie der Mensch wieder zu einer bewussten Wahrnehmung seiner Organe befähigt werden könnte, um mit sich selbst in Einklang zu kommen. Er sah, dass es hierbei besonders notwendig war, „in unmittelbarer Berührung - hautnah mit der Natur und mit ihren Gesetzmäßigkeiten zu kommen". Deutlich vertrat er die Auffassung, dass es dieselben Gesetzmäßigkeiten sind, nach denen sich der Mensch bildet. So formulierte er: „Was uns erschöpft, ist die Nichtinanspruchnahme der Möglichkeiten unserer Organe, ist ihre Ausschaltung, Unterdrückung, was aufbaut, ist Entfaltung."

Bewegungsrestriktion ist ein Gesundheitsrisiko

Der Bewegungsmangel unserer Kinder ist eine Folge veränderter gesellschaftlicher Rahmenbedingungen. Die Lebenssituation von Kindern hat sich in den letzten Jahren stark gewandelt. Auch wenn sich mancherorts die materielle Situation von Kindern verbessert hat, scheint das soziale, körperliche und psychische Wohl von Kindern gefährdet.

Dies hört sich zunächst etwas übertrieben an. Aber sich viel zu bewegen, draußen zu spielen und zu toben, scheint heute eher die Ausnahme zu sein. Insbesondere in städtischen Gebieten wird die Bewegungsfreiheit der Kinder durch zunehmende Bebauung und Versiegelung im Wohnbereich eingeschränkt. Computerspiele sowie hoher Video- und Fernsehkonsum verstärken den Mangel an Bewegung, Spiel und Sport.

Doch allmählich wird wieder erkannt, wie wichtig Bewegung für Kinder ist. Viele Bewegungskindergärten stellen sich dieser Aufgabe. Sie ermöglichen den Kindern spontanes Bewegen und Spielen. Machen auch Sie sich folgende Punkte klar:

- Halten Sie Spiel- und Bewegungsräume vor, in denen die Kinder ihre Bewegungsbedürfnisse spontan und gefahrlos ausleben dürfen.
- Geben Sie den Kindern Freiräume in Form von Zeit und Raum, insbesondere wenn sie durch organisierte „Events" oder angeleitete Aktivitäten zunehmend verplant werden.
- Beschäftigen Sie die Kinder nicht passiv sitzend. Lassen Sie diese mit den multimedialen Angeboten einer Spiel- und Informationstechnologie nicht allein.
- Kinder brauchen Erfahrungen aus erster Hand. Sie müssen (be)greifen dürfen.
- Kinder brauchen Spielpartner. Sie sollten nicht häufig allein spielen.
- Kinder dürfen nicht durch verunsicherte und zur Überbehütung neigende Erwachsene in ihrem spontanen Spiel- und Bewegungstrieb eingeschränkt werden.
- Bei Einschulungsuntersuchungen hatten rund 60 Prozent der Kinder Haltungsprobleme, etwa 30 Prozent Übergewicht und nahezu jedes zweite Kind Bewegungsauffälligkeiten.

Zu wenig Bewegung, schlechte Motorik, häufig Unfälle

Neuere Erkenntnisse bestätigen einen Zusammenhang zwischen ungenügender Bewegungskontrolle und zunehmender Unfallhäufigkeit im Kindergarten- und Grundschulalter. Ungeschickte und koordinationsschwache Kinder sind überdurchschnittlich oft in Unfälle verwickelt. Ausreichende Bewegungserziehung könnte die Unfallzahlen senken.

Der kausale Bezug von Bewegung und geistiger sowie psychisch-emotionaler und sozialer Entwicklung gilt als wissenschaftlich belegt. Ausreichende Bewegungsaktivitäten sind eine notwendige Voraussetzung für die gesunde Entwicklung eines Kindes. Die meisten Erwachsenen treiben Sport, weil sie sich Gesundheit, Fitness und einen schönen, trainierten Körper wünschen. Kinder bewegen sich, weil sie Freude, Spaß und Lust dabei erfahren.

Wichtige Lernerfahrungen durch Bewegen

Grundsätzlich liegt es in der Natur des Menschen sich bewegen zu wollen. Die Entwicklung vom unselbstständigen Säugling zu einer selbstständigen und selbstbewussten Persönlichkeit wäre ohne diese natürliche Anlage nicht möglich. Von besonderer Bedeutung sind dabei gerade die Bewegungserfahrungen und die Bewegungsmöglichkeiten bis zum elften Lebensjahr.

Schon ein Säugling strampelt vor Lust. Bewegung ist für ihn zur nonverbalen Kommunikation wichtig. Später hüpft, rennt und springt das Kind spontan. Es tobt vor Freude und verleiht so seinen Emotionen Ausdruck. Dies gibt dem Kind immer mehr (Bewegungs-)

 **Thema**

Sicherheit. Es hat das Bedürfnis mit anderen zu spielen, sucht nach Leistung und Wettbewerb. Beim Hineinschlüpfen in unterschiedliche Rollen lernt das Kind Regeln zu akzeptieren und Konflikte auszutragen. Ebenso lernt es Absprachen zu treffen und einzuhalten, Toleranz und Rücksichtnahme. So sammelt es grundlegende Erfahrungen mit Gleichaltrigen und macht (Lern-)Erfahrungen, die für sein Leben in der Gesellschaft, für seine Entwicklung von Körper, Geist und Seele von entscheidender Bedeutung sind. Diese Entwicklungsprozesse sind dem Kind nicht bewusst. Wissenschaftler nennen diesen Prozess „kindliche Sozialisation" oder „Erfahrungen aus erster Hand".

Entwicklung des Selbstbewusstseins

Kinder wollen sich austesten und lieben den Reiz ihres Handelns. Er liegt häufig in der Ungewissheit begründet und im Bedürfnis, die selbst gesteckte Anforderung bewältigen zu können. Weiterhin lernen Kinder frühzeitig, unbekannte und manchmal auch gefährliche Situationen einzuschätzen und ihr Verhalten darauf einzustellen. Daher ist es wichtig, Kinder in ihrem Tun zu bestärken, anstatt sie durch Verbote vom Machen abzuhalten und nur durch Belehrungen theoretisch auf Gefahren vorzubereiten.
Kinder wollen sich aktiv an der Gestaltung ihres Lebens beteiligen. Dafür brauchen sie Freiräume. Die kindliche Autonomie darf nicht beschränkt werden. Sie als Erzieherinnen und Erzieher sollten den Kindern auf ihrem Weg zur Selbstständigkeit und zur Eigenverantwortung ein „Sicherheitsnetz" spannen, um sie dann aber alleine balancieren zu lassen.

Mein Körper gehört mir

In diesem Projekt sollen Kinder auch lernen, dass ihr Körper ihr persönliches Eigentum ist und nur ihnen gehört. Sie sollen erfahren, dass nur sie wirklich wissen, wie ihr Körper fühlt, wenn jemand sie berührt (Ja- oder Nein-Gefühl). Außerdem erleben sie mit Spaß und Freude die Bedeutung von Bewegung und Sinneserfahrungen für das eigene Wohlbefinden.
Ihnen als Erzieherinnen und Erzieher kommt hierbei eine bedeutende Rolle zu, weil Sie zu den Bezugspersonen gehören. Sie begleiten die Kinder innerhalb des Projektes, können die Ideen verstärken und bei Problemen helfen.
Die Interaktionen im Verlauf des Projektes sind ein wichtiger Teil. Wenn die Kinder einmal unterscheiden können, was sie mögen oder nicht, lernen sie auch, diese Gefühle auszudrücken, obwohl sie möglicherweise Angst haben. Das Projekt hilft ihnen, das nötige Selbstvertrauen zu entwickeln, um in unterschiedlichen Situationen „Nein" sagen zu können. Sie sollten während des Projektes die Kinder immer wieder ermutigen, sich bei Grenzverletzungen an Personen ihres Vertrauens zu wenden. Die Kinder werden so ihr Selbstvertrauen stärken und Situationen besser einschätzen lernen. Sie werden ihren Körper als etwas Wertvolles betrachten und schätzen lernen, für den sie in gewissem Maße selbst verantwortlich sind.

Projektvorschlag

Betrachten Sie diese Zusammenstellung als ein mögliches Projektbeispiel oder auch nur als Appetithappen für die kommenden Seiten. Dort finden Sie diese und viele weitere Angebote.

Forschen und Entdecken

- Arztecke einrichten
- Wir atmen, um zu leben
- Gespräche über Geschlechtsmerkmale

Gestalten

- Gruppenmemory
- Toiletten umgestalten
- Fühlwelten

Bewegen und Musizieren

- Körperreise
- Fußfühler
- Magnetdecke

Spielen

- Krachmacher
- Wer bin ich? Wer bist du?
- Jeder ist anders, manchmal sind wir alle gleich

Feiern

- Selbstportraits als Gästeliste
- Zelt der Träume
- Kulinarisch sinnliche Genüsse

Forschen und Entdecken

Körperrallye mit Schatzsuche

■ Ein guter Einstieg in das Projekt ist eine Körperrallye mit verschiedenen Stationen, an denen die Kinder gemeinsam unterschiedliche Aufgaben erfüllen müssen, die alle etwas mit dem Körper zu tun haben. So setzen sich die Kinder bewusst mit dem Körper und seinen Fähigkeiten auseinander. Da die Gruppe gemeinsam die unterschiedlichen Anforderungen löst, können auch die jüngeren Kinder von dem Erfahrungsschatz der älteren profitieren. Nach jeder bestandenen Aufgabe überreichen Sie den Kindern einen Hinweiszettel, auf dem der Ort mit der nächsten Station eingezeichnet ist. Je mehr Stationen die Kinder durchlaufen haben, desto näher kommen sie dem Schatz, den Sie zuvor an einem geheimen Ort versteckt haben.

Bevor die Rallye beginnt, müssen Sie folgende Aufgaben erledigen:
- Stationen mit verschiedenen Aufgaben aufbauen
- Hinweiszettel für die einzelnen Stationen erstellen
- Schatz auswählen und verstecken

Bei den Stationen sind Ihrer Fantasie keine Grenzen gesetzt. Sie entscheiden über deren Anzahl und Art. Eine Rallye könnte aus folgenden Stationen bestehen:

Station 1: Wozu braucht der Mensch Arme und Hände? Die Kinder lassen sich viele Möglichkeiten einfallen. Sie schnipsen, fangen, werfen und klatschen. Jedes Kind sollte mindestens ein Beispiel vorführen.

Station 2: Was kann der Mensch mit seinen Beinen und Füßen machen? Nacheinander zeigen die Kinder verschiedene Möglichkeiten wie Gehen, Laufen, Hüpfen, Pferdchensprung und Strampeln.

Station 3: Wer kann am höchsten springen? Befestigen Sie an einer freien Wand eine Bahn Papier- oder Tapetenrolle. Alle Kinder stellen sich in einer Reihe auf. Das erste Kind geht zu der Wand und springt mehrmals so hoch es kann. Dabei schlägt es gegen das Papier. Die höchste Stelle, die es erreicht hat, markieren Sie mit einem Stift und versehen sie mit seinem Namen.

 **Forschen und Entdecken**

Station 4: Bei dieser Station darf jeweils ein Kind seinen Mund nicht benutzen. Es führt den anderen Kindern pantomimisch ein Märchen vor, das diese erraten müssen. Für die erste Runde wählen Sie dieses Kind aus. Wer es als Erstes errät, darf das nächste Märchen vorspielen.

Station 5: Diesmal testen die Kinder ihren Geschmackssinn. Legen Sie verschiedene Obstsorten bereit und schneiden Sie diese in kleine Stückchen. Alle Kinder schließen die Augen. Legen Sie jedem Kind ein Obststück in den Mund. Es muss erraten, um welches Obst es sich handelt.

Station 6: Bauen Sie einen Hindernisparcours mit verschiedenen Anforderungen auf. Die Kinder müssen beim Überwinden der Strecke balancieren, kriechen, laufen und eventuell sogar klettern.

Station 7: Schatzsuche. Alle Kinder suchen gemeinsam nach dem Schatz. Haben sie ihn gefunden, bilden sie einen Kreis und legen ihn in dessen Mitte. Der Finder öffnet die Schatzkiste oder wickelt den verpackten Schatz aus. Natürlich sollte der Schatz zum Thema passen. Empfehlenswert ist beispielsweise ein Arztkoffer, damit die Kinder im Rollenspiel das im Projekt Erlebte aufarbeiten und verinnerlichen können.

Forschen und Entdecken

Wir entdecken unseren Körper

Arztecke einrichten

■ Richten Sie nach der Rallye oder einem gemeinsamen Arztbesuch eine Arztecke ein. Gestalten Sie diese mit den Kindern zusammen. Überlegen Sie mit den Kindern, welche Dinge zur Untersuchung benötigt werden. Sammeln Sie alle Ideen und beziehen Sie diese bei der Gestaltung mit ein. Bestandteile davon sind ein Arztkoffer mit entsprechendem Zubehör, ein Arztkittel, eine Liege oder Matratze, ein Wartestuhl.

Das Innere des Körpers

■ Kinder haben oft keine Vorstellung davon, wie es im Innern des menschlichen Körpers aussieht. Um ihnen das Innenleben zu veranschaulichen, malen Sie den Umriss eines Kindes auf ein Stück Tapete oder festes Papier. Die Organe und Innereien bereiten Sie aus farbigem Papier vor. Zu Beginn überlegen die Kinder, an welcher Stelle im Körper sich das Herz befindet. Haben sie die Lösung gefunden, klebt ein Kind das Herz an der richtigen Stelle in den Umriss. Beim Herausfinden der richtigen Antwort dürfen die Kinder in Büchern und Lexika nachschlagen.

Tipp: Fragen Sie beim Arzt oder in der Apotheke, ob Sie ein Bild oder Poster mit dem Körperinneren zur Verfügung gestellt bekommen können. Vielleicht haben Sie auch die Möglichkeit, sich mit den Kindern ein Skelett im Krankenhaus anzuschauen.

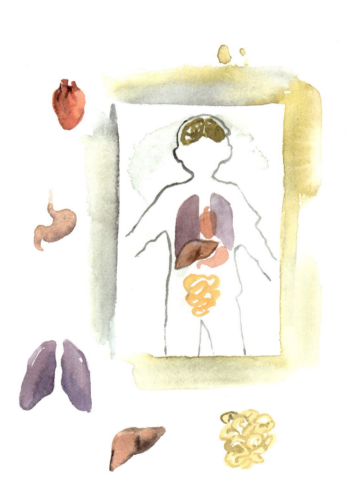

Gespräch über das Herz

■ Sprechen Sie mit den Kindern über das Herz. Was wissen sie darüber? Stellen Sie gezielte Fragen. Wo ist das Herz? Was macht es? Wozu brauchen wir es? Wer weiß, wie es aussieht? Bewegt es sich? Macht es Geräusche? Notieren Sie die Aussagen der Kinder und übertragen Sie diese später auf ein Plakat, das für die Eltern gut sichtbar ausgehängt wird.

Das Herz
Das Herz des Menschen ist ein Hohlmuskel, der mindestens so groß wie eine Faust ist. Es besteht aus zwei Vor- und zwei Hauptkammern, wobei jeweils eine Vor- und eine Hauptkammer eine Einheit bilden. Die Körper- und die Lungenvenen führen zu den Vorkammern, die Lungen- und Körperarterien – Hauptschlagader oder Aorta genannt – führen vom Herzen weg. Im Gegensatz zu den Venen, die dünnwandige Blutgefäße sind und in denen so gut wie kein Druck herrscht, wird in den dickwandigen, muskulösen und elastischen Arterien das Blut unter Druck hineingepresst. Um zu verhindern, dass das Blut in die falsche Richtung zurückfließt, regeln Ventile den Rückfluss.

Forschen und Entdecken

Herzschlag hören

■ Die Kinder finden sich paarweise zusammen. Ein Kind legt sich hin, das andere kniet sich in Brusthöhe neben diesen hin und legt sein Ohr auf dessen linke Brust. Hört es das Herz schlagen? Nach einiger Zeit tauschen die Kinder ihre Rollen. Setzen Sie sich anschließend mit allen Kindern zusammen und tauschen Sie sich mit ihnen über das Erlebte aus.

Vielleicht arbeitet ein Elternteil Ihrer Gruppe in einer Arztpraxis, die Sie mit den Kindern besuchen dürfen. Möglicherweise wird den Kindern sogar erlaubt, ein echtes Stethoskop (Hörrohr) zu benutzen, um den Herzschlag eines Kindes zu hören.

Puls erkennen und fühlen

■ Erzählen Sie den Kindern, dass das Herz regelmäßig Blut durch den Körper pumpt. Erklären Sie außerdem, dass das Herz nicht nur hörbar, sondern auch der Herzschlag fühlbar ist. Fragen Sie die Kinder, ob sie wissen, an welchen Stellen am Körper dieser gut zu spüren ist. Erklären Sie ihnen, dass der spürbare Herzschlag als „Puls" bezeichnet wird. Zeigen Sie an sich oder einem Kind, wie sie mit dem Zeige- und Mittelfinger den Puls am Handgelenk oder am Hals fühlen können. Danach probieren die Kinder bei sich, den Puls zu finden und zu fühlen. Sprechen Sie mit den Kindern im Anschluss daran, wie er sich angefühlt hat.

Puls messen

■ Die Kinder messen zehn Sekunden lang ihren Puls. Dabei zählen sie die Anzahl der Pulsschläge und merken sich das Ergebnis. Anschließend nennen sie Ihnen nacheinander die Zahl. Multiplizieren Sie jedes Ergebnis mal sechs, um den jeweiligen Pulsschlag pro Minute zu erfahren. Notieren Sie alle ausgerechneten Resultate auf einem großen Plakat, sodass die Kinder die Zahlen sehen können. Haben zwei Kinder das gleiche Messergebnis? Zeigen Sie ihnen, wer den höchsten und wer den niedrigsten Puls hat. Messen Sie auch Ihren Puls. Dieser müsste niedriger sein, als bei den Kindern.

Versuche mit dem Pulsschlag

■ Überlegen Sie mit den Kindern, ob der Herzschlag immer gleich schnell oder langsam ist. Wann verändert er sich? Gehen Sie dieser Frage gemeinsam mit den Kindern nach.
- Alle Kinder legen sich hin und bleiben drei Minuten lang ruhig liegen.
- Die Kinder laufen so schnell wie möglich eine festgelegte Strecke.
- Bauen Sie mit den Kindern aus Bänken, Matten, Stühlen und Turnelementen einen Abenteuerparcours, den die Kinder bewältigen.

Nach jedem Versuch messen die Kinder ihren Puls und stellen dabei fest, dass ihr Pulsschlag in den Ruhephasen anders ist als nach Anstrengungen. Notieren Sie die Ergebnisse. Bereiten Sie eine Tabelle vor, in der Sie senkrecht die Namen der Kinder und waagerecht die einzelnen Versuche eintragen. Sprechen Sie anschließend mit den Kindern über ihr Erlebtes. Was ist ihnen aufgefallen? Haben sie ihren Herz- beziehungsweise Pulsschlag gefühlt? Wann war er stärker? Wann haben sie ihn kaum gespürt?

Forschen und Entdecken

Wir atmen, um zu leben

Pulsschlag und Atmung

■ Wiederholen Sie die Versuche mit dem Pulsschlag. Die Kinder achten diesmal aber hauptsächlich auf ihre Atmung. Bei dem Angebot erfahren sie Folgendes: Je stärker das Herz schlägt und der Puls steigt, desto häufiger atmen sie und desto mehr Luft verbrauchen sie bei Anstrengungen.

Atmung durch Mund und Nase

■ Die Kinder sitzen im Kreis zusammen. Nach Ihren Anweisungen probieren sie unterschiedliche Atemtechniken aus. Sie atmen
- tief durch den Mund ein und aus,
- tief durch die Nase ein- und aus,
- tief durch den Mund ein, durch die Nase aus und wiederholen das umgekehrt,
- hechelnd.

Fragen Sie die Kinder anschließend, welche Atmung ihnen am besten gefallen hat. Hat eine Übung Schwierigkeiten gemacht? Kinder, die erkältet sind, werden mit der Atmung durch die Nase Probleme haben.

Atmung
Zum Leben benötigt unser Körper den in der Luft enthaltenen Sauerstoff. Dieser wird beim Einatmen über die Lunge aufgenommen. Das Blut nimmt den frischen Sauerstoff im Inneren der Lunge auf und verteilt ihn danach im Körper. Auf diese Weise wird der Sauerstoff verbraucht. Anschließend gibt das Blut Kohlendioxid ab, das über die Ausatmung den Körper verlässt. Dieser Austausch findet in Millionen Lungenbläschen statt. Bei den folgenden Angeboten erfahren die Kinder, dass das Atmen eine wichtige Basis für die Erhaltung des Lebens und aller Lebensfunktionen ist.

Luft anhalten

■ Bei diesem Angebot erfahren die Kinder, wie wichtig die Atmung ist. Sie lernen, dass sie ohne Luft nicht leben können. Auf Ihr Zeichen halten alle Kinder ihre Luft so lange wie möglich an. Wer schafft es am längsten? Tauschen Sie sich mit den Kindern anschließend darüber aus, was für ein Gefühl es war, nicht zu atmen.

PeP: Körper

Forschen und Entdecken

Sichtbare Atmung

■ Die Kinder legen sich bequem auf den Rücken und sollen auf ihre Atmung achten. Damit die Atmung sichtbar ist, legen Sie jedem Kind einen kleinen Stein auf den Brustkorb und den Bauch. Erklären Sie, dass sich der Bauch stärker heben muss als die Brust. Legen Sie den Kindern, die Schwierigkeiten bei der Bauchatmung haben, Ihre Hand auf den Bauch. Nun sollen sie beim Einatmen ihren Bauch so herausbewegen, dass Ihre Hand weggestoßen wird.

Atembilder

■ Legen Sie für jedes Kind einen großen Bogen Papier und einen dicken Stift auf den Tisch. Die Kinder setzen sich in lockerer und aufrechter Haltung davor. Langsam atmen sie ein und aus. Dann nehmen sie ihren Stift und zeichnen im Rhythmus ihrer Atmung eine Linie. Beim Einatmen geht die Linie nach oben, beim Ausatmen nach unten. Nach einigen Minuten hat jedes Kind ein Zickzack- oder Wellenbild aufgemalt.
Variation 1: Die Kinder atmen so tief sie können ein und aus. Wie weit führt die Linie nach oben und wie tief nach unten? Wie sieht die Linie bei den nächsten Atemübungen aus?
Variation 2: Die Kinder laufen in kürzester Zeit eine vorgegebene Strecke, setzen sich danach hin und zeichnen ihren Atem.

Atem sehen

■ Überlegen Sie mit den Kindern, ob Atem zu sehen ist und wie er sichtbar gemacht werden kann. Geben Sie jedem Kind einen kleinen Spiegel oder eine Spiegelfliese. Was passiert, wenn sie dagegen hauchen?
Variation: Wenn es kalt ist, gehen die Kinder nach draußen. Dort hauchen sie in die Luft und sehen ihren Atem.

Messen des Lungenvolumens

■ Organisieren Sie einen Besuch bei einem Arzt oder im Krankenhaus. Vielleicht gibt es dort die Möglichkeit, mit einem Spirometer das Lungenvolumen der Kinder zu messen. So erfahren sie, wie viel Luft sie auf einmal ausatmen können.
Tipp: Klären Sie zuvor mit dem Arzt ab, ob er den Kindern altersgerecht den Körper und die Funktionen der Atmung, der Lunge und des Herzschlags erklären kann. Bitten Sie ihn auch, dieses durch verschiedene Übungen zu veranschaulichen. Beispielsweise könnte er die Kinder mit dem Stethoskop abhorchen und den Herzschlag hören lassen.

Forschen und Entdecken

Mit den Sinnen experimentieren

Das Gehör
Das Ohr ist das einzige Sinnesorgan, das zwei völlig verschiedene Aufgaben erfüllt. Es nimmt Geräusche auf und ist für den Gleichgewichtssinn verantwortlich.
Das Gehör ist ein zentrales und immer aktives Sinnesorgan. Während beispielsweise die Augen geschlossen werden können, bleiben die Ohren stets offen und für akustische Phänomene aufnahmebereit.

Versuche mit den Ohren

■ Die Kinder führen verschiedene Experimente mit den Ohren durch. So bekommen sie einen stärkeren Bezug zu ihrem Hörorgan und lernen seine Fähigkeiten kennen.
– Die Kinder halten sich mit den Handflächen die Ohren zu. Können sie noch etwas hören? Wenn ja, wie klingt es?
– Im Wechsel pressen sie ihre Handflächen an die Ohrmuschel und geben diese wieder frei. Wie oder was hören sie diesmal?
– Die Kinder halten ihre Handflächen hinter die Ohren und drücken diese behutsam nach vorne. Bei dieser Übung werden sie wahrscheinlich alle Laute deutlicher und lauter hören.
Probieren auch Sie diese Versuche aus. Sie werden überrascht sein.

Wer kann die Stecknadel fallen hören?

■ Wer glaubt, eine Stecknadel mit geschlossenen Augen fallen zu hören? Alle, die sich dies zutrauen, melden sich. Dann schließen alle Kinder die Augen und sind ganz leise. Die Augen dürfen erst wieder geöffnet werden, wenn Sie Bescheid geben. Die Kinder, die meinen, sie hätten die Nadel gehört, melden sich. Wiederholen Sie das Experiment mehrmals nacheinander. Die Kinder werden sehr konzentriert und aufmerksam mitmachen.

Hörecke

■ Richten Sie abseits vom lauten Gruppengeschehen eine Hörecke ein, in der sich die Kinder ganz auf die von Ihnen ausgewählten Geräusche konzentrieren können. Für die Hörecke eignen sich ein gemütlicher Korbstuhl oder Sessel, ein kleiner Tisch und ein Walkman. Nehmen Sie täglich etwa fünf verschiedene Geräusche auf, beispielsweise das Zerreißen von Papier, Kauen und Schmatzen, Würfeln und die Toilettenspülung. Die Kinder entscheiden selbst, ob und wann sie in die Hörecke gehen, um die Geräusche zu erkennen. Lediglich einmal am Tag setzen Sie sich mit allen Kindern in der Hörecke zusammen, um die Geräusche gemeinsam anzuhören und ihre Vermutungen über das Gehörte auszutauschen. Zum Schluss erklären Sie den Kindern, welche Geräusche sie gerade gehört haben. Da es jeden Tag neue Geräusche zu erforschen gibt, werden die Kinder ihre Hörecke bestimmt immer wieder mit großer Begeisterung besuchen.

PeP: Körper

Forschen und Entdecken

Rund ums Fühlen

Fühlecke

■ Stellen Sie vier Fühlboxen auf (Anleitung siehe im Aktionsteil „Gestalten"), in die Sie täglich jeweils einen neuen Gegenstand hineinlegen. Die Kinder greifen mit einer Hand in die Boxen und versuchen diese zu erfühlen. Der Gegenstand darf nicht herausgenommen werden. Damit jedes Kind die gleiche Chance hat, darf niemand etwas verraten. Um dem Mitteilungsbedürfnis der Kinder aber entgegenzukommen, dürfen sie Ihnen ihre Vermutungen ins Ohr flüstern. Wie beim Hörsinn, geben Sie die Auflösung der Fühlboxen beim täglichen Zusammentreffen preis.

Mimosen züchten

■ Zur Weiterführung und Intensivierung der Sinneswahrnehmung „Fühlen" eignen sich Mimosen besonders gut. Mimosen sind außergewöhnliche Pflanzen, die bei Berührung ihre Blätter zuklappen und senken. So erfahren die Kinder, dass auch andere Lebewesen und sogar Pflanzen Gefühle haben. Sprechen Sie mit ihnen darüber. Durch das Bewusstmachen und die Auseinandersetzung mit dem Thema, versetzen sich die Kinder eher in die Lage eines anderen Menschen. Sie werden sensibler für sich und andere.
Besorgen Sie eine Mimose und Mimosensamen im Blumengeschäft oder in einer Gärtnerei. Zeigen Sie den Kindern die Pflanze und demonstrieren sie ihre besondere Eigenschaft. Die meisten Kinder werden die Pflanze wahrscheinlich nicht kennen und mit Sicherheit großes Interesse zeigen. Ihre Begeisterung wird noch steigen, wenn sie erfahren, dass sie eine solche Pflanze selber züchten können. Die Kinder erleben dabei nicht nur die verschiedenen Wachstumsstadien der Pflanze, sondern sollen auch Verantwortung für sie übernehmen. Jedes Kind muss sich um seine Mimose selbst kümmern. Geben Sie jedem Kind einen kleinen Blumentopf, in den sie ein Erde-Sand-Gemisch hineinfüllen. Danach säen sie je drei Samen ein und dichten den Topf anschließend mit Frischhaltefolie ab. Diese wird mit Kreppband befestigt. Darauf schreiben Sie oder die Kinder ihren Namen. So ist gewährleistet, dass jedes Kind das Wachstum und die Entwicklung seiner eigenen Pflanze beobachten sowie deren Pflege übernehmen kann.
Die Kinder stellen ihre Töpfe an einen hellen Platz, der für sie jederzeit zugänglich ist. Die nächste Zeit ist geprägt von gespanntem Warten. Ist der Keimling endlich zu sehen, entfernt das Kind die Folie, bevor er daran stoßen kann. Die Freude wird groß sein, wenn die Mimose so weit gewachsen ist, dass sie bei Berührung ihre Blätter einklappt.

# Forschen und Entdecken

Wir werden immer größer

Maßtabelle für Kinder

■ Erforschen Sie mit den Kindern, wie groß sie sind. Bringen Sie im Raum oder im Flur eine Maßtabelle an. Messen Sie jedes einzelne Kind zu Beginn dieses Projektes und markieren Sie seine Größe in der Tabelle. Damit alle wissen, welcher Strich wem gehört, kleben Sie kleine Fotos der einzelnen Kinder daneben. Nun können die Kinder ablesen, wer am größten oder am kleinsten in der Gruppe ist. Überprüfen Sie diese Angaben nochmals etwa in der Mitte und am Ende des Projektes. Vielleicht sind einige Kinder zwischenzeitlich gewachsen und nehmen eine andere Stelle in der Tabelle ein. Hängen Sie die Maßtabelle so auf, dass sie jederzeit frei zugänglich ist. Die Kinder können sie auf diese Weise nach Lust und Laune nutzen und ihre Messergebnisse ansehen.

Körperfäden

■ Jedes Kind schneidet sich aus einem Wollknäuel zwei Körperfäden zurecht. Einer der Fäden ist so lang, wie das Kind selbst. Der andere Faden ist so lang, wie dessen Körperumfang. Um die Maße richtig abzumessen, sucht sich jedes Kind einen Partner, der ihm beim Halten des Fadens, beim Messen und beim Schneiden hilft. Für den Faden der Körpergröße nutzen die Kinder die Markierungen in der Maßtabelle. Ein Kind hält den Faden am unteren Ende an der Tabelle fest, während das andere Kind den Faden hochzieht und an der entsprechenden Markierung abschneidet. Für den Körperumfang legt ein Kind den Faden um den Bauch oder die Hüfte seines Partners und schneidet diesen ab. Die Kinder vergleichen ihre Körperfäden. Welcher Faden ist der längste, welcher der kürzeste?

So groß sind wir zusammen

■ Alle Kinder knoten ihre Fäden der Körpergröße an den Enden zusammen. Sie werden staunen, wie lang der Faden wird. Dann legen die Kinder den Faden auf dem Flur oder im Freien aus. Wie weit reicht er? Ist er so lang wie die KiTa? Fordern Sie die Kinder auf, am Faden entlangzugehen und die Schritte zu zählen. Wie viele Schritte ist er lang? Überlegen Sie mit den Kindern, was sie mit dem Faden alles messen können. Gehen Sie auf Erkundungstour. Wie oft muss der Faden ausgelegt werden, um auf den Lieblingsspielplatz der Kinder zu kommen?
Variation: Die Kinder wiederholen ihre Erkundungen mit den zusammengeknoteten Fäden ihrer Körperumfänge.

PeP: Körper

Forschen und Entdecken

Mädchen und Jungen

Mädchen oder Junge?
■ Besorgen Sie eine Babymädchen- und eine Babyjungenpuppe. Alle Kinder sitzen im Kreis zusammen. Legen Sie die ausgezogenen Puppen mit dem Gesicht nach unten in die Mitte. Achten Sie darauf, dass die Kinder nicht erkennen, welches das Mädchen und welches der Junge ist. Das sollen sie nämlich erraten. Fragen Sie die Kinder, welche Puppe das Mädchen und welche der Junge ist. Da das Rückenteil beider Puppen gleich aussieht, wird die richtige Lösung schwer zu erraten sein. Haben alle Kinder ihre Vermutung gesagt, drehen Sie die Puppen um. Nun ist das Geschlecht der Puppen zu erkennen und sehen die Kinder, wessen Tipp richtig gewesen ist.

Gespräch über die Geschlechtsmerkmale
■ Fragen Sie die Kinder nach dem Erkennungsspiel, woran sie erkannt haben, dass es sich bei der Puppe um ein Mädchen oder einen Jungen handelt. Die Kinder werden auf die jeweiligen Geschlechtsmerkmale hinweisen. Anhand der Puppen zeigen und benennen sie die Geschlechtsmerkmale. Vielleicht kennen die Kinder unterschiedliche Begriffsbezeichnungen für die Geschlechter. Vielleicht thematisieren sie bei diesem Gespräch auch die Funktionen der Geschlechtsorgane, Sex, Schwangerschaft und „Babys bekommen".
Greifen Sie die Äußerungen, Fragen und Antworten auf. Berücksichtigen Sie den unterschiedlichen Wissensstand der Kinder. Nehmen Sie alle Beiträge ernst. Lassen Sie die Kinder auf Fragen oder unrichtige Antworten eines anderen Kindes erst reagieren, bevor Sie in das Gespräch eingreifen. Erklären Sie nur, was die Kinder wirklich wissen wollen oder unklar geblieben ist.

Bücher
■ Richten Sie mit den Kindern eine Leseecke ein und statten Sie diese mit Büchern zum Thema „Körper" aus. Gehen Sie mit den Kindern auch in die Bücherei und suchen Sie gemeinsam passende Bücher aus. In der KiTa können die Kinder dann je nach Wunsch und Interesse in den Büchern stöbern.

Forschen und Entdecken

Fantasieren

Rollentausch

■ Führen Sie dieses Angebot in Kleingruppen durch. Trennen Sie Mädchen und Jungen. Setzen Sie sich mit jeweils einer Kleingruppe im Kreis am Tisch zusammen. Legen Sie zuvor Malpapier und Stifte auf den Tisch. Mit einer kurzen Fantasiereise versetzen Sie die Kinder in die andere Geschlechterrolle. Während Sie erzählen, können die Kinder ihre Augen schließen.

Stellt euch vor, ein Zauberer steht vor euch und verzaubert euch. Er verzaubert euch in Jungen / Mädchen und ihr seht auf einmal ganz anders aus. Stellt euch das einmal vor! Welche Sachen werdet ihr jetzt machen, die ihr sonst nicht macht? Welche Fähigkeiten werdet ihr plötzlich haben? Was werdet ihr spielen? Wozu werdet ihr Lust haben? Was würdet ihr ausprobieren?

Nach dieser Geschichte malen die Kinder ihre Gedanken. Helfen Sie bei Schwierigkeiten durch Nachfragen. Falls sich einige Kinder nicht in die andere Rolle hineinversetzen wollen, kehren Sie die Fragen ins Gegenteil. Vielleicht fällt es ihnen leichter zu malen, wie sie nicht aussehen möchten und was sie nicht gerne machen würden, wenn sie ein Junge / Mädchen wären.

Haben alle Kleingruppen ihre Bilder gemalt, laden Sie alle Kinder zu zwei Ausstellungen ein. An einem Tag zeigen die Mädchen ihre Bilder und am nächsten die Jungen. Sie legen ihre Bilder kreisförmig in der Mitte eines Raumes aus. Alle Kinder gehen um die Kunstwerke und begutachten sie. Anschließend setzen sie sich um die Bilder. Wer möchte, stellt sein Kunstwerk vor und erzählt, was er gemalt hat.

Was mag ich? Was magst du?

■ Sie können diese Form der Arbeit mit den Kindern fortführen. Arbeiten Sie in kleinen Gruppen, vielleicht sogar in Zweier- oder Vierergruppen. Die Kinder malen oder schneiden aus Zeitschriften heraus, was die anderen ihrer Meinung nach besonders gern mögen. Die Kinder sollen ihrer Fantasie freien Lauf lassen. So können sie lernen, sich in andere hineinzuversetzen und darüber nachzudenken, was andere mögen könnten. Was essen andere am liebsten? Welches Spielzeug mögen sie? Welche Lieder singen sie besonders gerne?

Gemeinsame Gruppenregeln erstellen

■ Die Kinder haben nun aufgezeigt, was sie selbst gern mögen, und sich in andere Kinder hineinversetzt. Jetzt wäre die Gelegenheit, sich gegenseitig Grenzen aufzuzeigen und Akzeptanz zu üben. Um diesen Gedanken weiter auszubauen und zu verfestigen, darf jedes Kind äußern, was es in der Gruppe gern möchte und was es überhaupt nicht möchte. Machen Sie sich Notizen oder nehmen Sie die Beiträge auf Kassette auf. So können Sie anschließend mit den Kindern Regeln für die Gruppe entwickeln, die auf einem gemeinsam gestalteten Regelplakat mit Symbolen festgehalten werden. So kann jedes Kinder sie jederzeit wiedererkennen.

PeP: Körper

Gestalten

Ich und die anderen

Persönliches Projektbuch

■ Jedes Kind legt sich ein persönliches Projektbuch an, das auf verschiedene Weise gestaltet werden kann. Beispielsweise sammeln die Kinder zunächst lose Blätter in einer Mappe und binden diese später zu einem Buch. Dafür könnten Sie mit den Kindern ein Deckblatt zum Thema entwerfen. Eine andere Möglichkeit ist, dass jedes Kind ein eigenes Heft bekommt, das es gestalten kann. In dieses Heft werden Merkmale, Rekorde und andere tolle Sachen eingetragen.

Zunächst tragen die Kinder mit ihrer Hilfe ihre persönlichen Merkmale wie Augenfarbe, Haarfarbe, Schuhgröße ein. Wer mag, kann einen Finger- oder Handabdruck hinzufügen oder eine Haarsträhne einkleben. Auf jeden Fall sollten Sie jeden Eintrag mit dem aktuellen Datum versehen. Dieses Buch begleitet die Kinder durch das ganze Projekt – und vielleicht sogar noch länger. Was in dieses Buch eingetragen wird, entscheidet jedes Kind selbst, denn es ist sein ganz persönliches Projektbuch.

Wir gehören zusammen

■ Dieses Angebot eignet sich gut für den Einstieg in das Projekt. Die Kinder bemalen mit Fingerfarben eine Hand und pressen diese auf ein großes Stück Pappe. Um das Zusammengehörigkeitsgefühl der Gruppe zu zeigen, pressen die Kinder ihre Abdrücke kreisförmig auf die Pappe. Das fertige Kunstwerk betiteln Sie mit „Wir gehören zusammen" und hängen es für die Eltern gut sichtbar in der Garderobe auf.

Variation: Die Füße werden mit Farbe bemalt und auf eine Pappe oder ein stabiles Tapetenstück gepresst. Betiteln könnten Sie das fertige Werk mit „Gemeinsam machen wir uns auf den Weg".

Gruppenmemory

■ Machen Sie von jedem einzelnen Kind eine Portraitaufnahme. Kleben Sie die Fotos auf stabile Pappe und schneiden Sie diese in der Mitte durch, sodass nur noch eine Hälfte des Kindes zu sehen ist. Damit das Memoryspiel geschützt ist, überziehen Sie die Fotohälften mit durchsichtiger Klebefolie.

Nun darf gespielt werden. Es gelten die beim Memoryspiel üblichen Spielregeln. Es müssen also immer zwei Bilder gefunden werden, die zusammengehören.

Variation: Fotografieren Sie statt der Gesichter nur einzelne Körperteile, beispielsweise einen linken und einen rechten Arm, ein linkes und ein rechtes Bein, einen Rücken, einen Bauch oder eine Nase.

Handwahrheiten

■ Geben Sie jedem Kind ein rotes und ein grünes Blatt Papier. Die Kinder finden sich zu zweit zusammen. Sie helfen sich gegenseitig, die Umrisse ihrer Hände abzumalen. Die rechte Hand liegt auf dem roten, die linke auf dem grünen Papier. Nachdem die Kinder ihre Hände aufgemalt haben, schneiden sie diese aus. Danach überlegen sie, was sie an sich mögen und was nicht. Nun benötigen die Kinder ihre Hilfe. Auf die roten Hände schreiben Sie, was die Kinder an sich mögen und auf die grünen, was sie an sich nicht mögen. Die fertigen Papierhände werden im Gruppenraum aufgehängt.
Variation: Statt der Hände umkreisen die Kinder ihre Füße.

Fantasiegestalten im Bilderrahmen

■ Stellen Sie den Kindern kostenloses Material wie Papprohren, Blechdosen, Deckel, Obstnetze oder alte Knöpfe zur Verfügung. Auf stabilen Pappkartons oder Holzplatten dürfen die Kinder nun ihre eigene Fantasiegestalt aufkleben. Die Käseschachtel wird zum Bauch, die Filtertüte zum Röckchen oder die alten Knöpfe bekommen als Augen und Kleidermuster eine ganz neue Verwendung. Lassen Sie die Kinder frei entscheiden, welche Materialien sie wofür verwenden. Sie werden überrascht sein, was für Ergebnisse auf die Pappe kommen.

Alle Menschen sehen anders aus

■ Überlegen Sie mit den Kindern, wie verschieden Menschen aussehen. Den Kindern werden bestimmt viele Unterschiede und Gegensätze einfallen, wie dick und dünn, groß und klein, alt und jung, blond und schwarz, hell- und dunkelhäutig. Danach sollen die Kinder in alten Zeitungen nach Fotos von Menschen suchen und diese ausschneiden. Wichtig ist dabei, dass diese möglichst unterschiedlich aussehen. Die ausgeschnittenen Menschen kleben sie auf eine große Pappe, sodass eine riesige Collage entsteht.
Variation: Die Kinder malen als Gemeinschaftsaktion mit Bunt- oder Filzstiften unterschiedlich aussehende Menschen auf einen großen Bogen festes Papier.

Gefühle ausdrücken

Jeder Mensch hat Gefühle. Mit seinem Gesichtsausdruck, seiner Stimmlage oder seiner Körperhaltung werden diese auch für Außenstehende sichtbar. Kinder haben ein Gespür für die Stimmung ihnen nahe stehender Personen. Mit den folgenden Angeboten sensibilisieren Sie die Kinder, Gefühle und Stimmungen bewusst wahrzunehmen und zu erkennen.

Collagen

■ Sammeln Sie alte Kataloge und Zeitschriften. Bitten Sie auch die Eltern um Unterstützung. Die Kinder schneiden einzelne Personen aus und kleben sie jeweils auf ein Blatt Papier. Schauen Sie sich die Bilder gemeinsam mit den Kindern an. Die Kinder erzählen, welche Gefühle sie bei den Personen erkennen. Falls es den Kindern schwer fällt, können Sie ihnen helfen, indem Sie nachfragen, welcher Mensch fröhlich, traurig, böse oder nachdenklich ist.

Variation: Teilen Sie die Kinder in Kleingruppen von drei bis fünf Kindern auf. Jeweils eine Gruppe soll fröhliche, traurige, ernste oder wütende Menschen ausschneiden. Die anderen Kleingruppen erfahren erst beim späteren Austausch von der Aufgabenstellung der anderen. Hängen Sie die Collagen für die Kinder gut sichtbar im Gruppenraum auf. So können sie sich die verschiedenen Gefühlslagen später nochmals ansehen und ihre Eindrücke vertiefen.

Fotos

■ Die Kinder üben die Darstellung verschiedener Gefühle und Stimmungen. Falls möglich, stellen Sie einen großen Spiegel auf. Auf diese Weise können sich die Kinder bei ihren Übungen beobachten. Fotografieren Sie jedes Kind bei der Darstellung eines Gefühls. Achten Sie darauf, dass Sie möglichst viele verschiedene Gefühle fotografieren.

Ausstellung über Gefühle

■ Gestalten Sie mit Fotos eine Ausstellung. Fotos wirken stärker, wenn sie mindestens die Größe von 20 x 30 Zentimeter haben. Bevor Sie die Fotos rahmen, beschriften Sie jedes einzelne mit dem entsprechenden Gefühl. So können interessierte Ausstellungsbesucher die einzelnen Darstellungen besser nachvollziehen. Falls die Ausstellung nicht für jeden zugänglich ist, bereiten Sie mit den Kindern ein Plakat vor, um die Eltern und andere Personen darüber zu informieren.

Gestalten

Mimikwürfel

■ Nehmen Sie einen unbearbeiteten Würfel. Zeichnen Sie auf jede Seite einen anderen Gesichtsausdruck. Alle Kinder sitzen im Kreis zusammen und dürfen nacheinander würfeln. Jedes Kind sagt, welchen Gesichtsausdruck es gewürfelt hat. Ermuntern Sie die Kinder zu berichten, wann und vielleicht auch warum sie selbst ein solches oder ein ähnliches Gefühl hatten.

Variation: Ein Kind würfelt mit einem Becher. Es schaut vorsichtig nach, welcher Gesichtsausdruck gefallen ist und stellt diesen mit seiner Mimik nach. Die anderen Kinder dürfen das Ergebnis nicht sehen, sondern müssen die richtige Lösung raten. Wer zuerst die Lösung ruft, darf als nächstes würfeln und die Mimik darstellen.

Gefühlskarten

■ Mit Gefühlskarten lernen die Kinder ihre eigenen Gefühle bewusst wahrzunehmen und zu benennen. Des Weiteren lernen sie ihre Gefühle und Stimmungen anderen mitzuteilen. Bereiten Sie mehrere Pappkarten vor. Sammeln Sie mit den Kindern möglichst viele Gefühlswörter wie traurig, fröhlich, betrübt oder ängstlich. Schreiben Sie jeweils ein Gefühlswort auf den oberen Teil einer Karte. In den unteren Teil der Karte malen Sie einen Kreis. Das wird ein Gesicht. Bitten Sie jeweils ein Kind, das geschriebene Gefühl in das Gesicht einzumalen. Beim täglichen Zusammentreffen breiten Sie die Karten in der Mitte aus. Wer möchte, nimmt sich je nach Stimmung und Befinden die passende Karte. Im Kreis erzählen sie den anderen Kindern, den Grund für ihre Wahl.

Gefühle kneten

■ Lassen Sie die Kinder ihre Gefühle kneten und auf diese Weise darstellen. Die Kinder formen und bearbeiten die Knete zu den Klängen von Musik, die Sie im Hintergrund abspielen. Sagen Sie den Kindern, dass sie beim Kneten auf die Musik achten sollen. Bei ruhiger Musik werden sie die Knete langsam formen oder glätten. Empfinden sie die Musik als aggressiv, dürfen sie auf die Knete einhauen oder sie auf den Tisch schlagen.

Gefühlsfiguren aus Knete

■ Geben Sie den Kindern einen Klumpen Knete. Inspiriert von der Musik kneten sie Figuren, die sie mit den Klängen verbinden. Fordern Sie die Kinder auf, eine Figur zu kneten, die sie mit Glück, Traurigkeit oder Wut in Verbindung bringen. Haben alle Kinder ihre Gefühlsfiguren fertig gestellt, überlegen Sie gemeinsam mit den Kinder, wie sie diese den Eltern präsentieren können. Wie wäre es mit einer Ausstellung?

Variation: Die Kinder bearbeiten einen Klumpen Ton, den sie frei nach ihrer Fantasie formen.

Malen und sich dabei selbst erleben

Kinder in Lebensgröße

■ Natürlich gehören zu einem Projekt mit dem Thema „Körper" lebensgroße Gestalten, welche die Kinder selbst darstellen. Verwenden Sie dafür am besten Paketpapier oder stabile Tapete. Jedes Kind sucht sich einen Partner. Ein Kind legt sich auf das Papier und das andere Kind zeichnet seine Umrisse nach. Anschließend darf jedes Kind seinen Umriss selbst ausschneiden und bemalen.

Danach versehen die Kinder ihre Körper mit einer Besonderheit. Sie brauchen hierfür Ihre Hilfe, weil Sie kleine Kärtchen beschriften müssen. Auf die Vorderseite der Körper kleben die Kinder Kärtchen, auf denen vermerkt ist, was sie schon können. Die Rückseite der Figuren wird mit Kärtchen beklebt, auf denen steht, was die Kinder gern noch lernen möchten.

Tipp: Dieses Angebot ist auch für Eltern interessant. Sie können sich die Figuren auf einem Elternabend oder zwischendurch ansehen. Sie werden recht verwundert sein, denn die Angaben der Kinder unterscheiden sich manchmal sehr von den Annahmen der Eltern über ihr Kind.

Variation: Die Kinder finden sich paarweise zusammen und erhalten ein großes Stück Tapetenpapier. Ein Kind legt sich auf das Papier und das andere Kind zeichnet seinen Umriss auf. Danach werden die Rollen getauscht. Anschließend versuchen die Kinder, so genau wie möglich die Umrisse auszumalen. Setzen Sie sich anschließend mit allen Kindern zusammen und überlegen gemeinsam, welches Kind zu welchem Umriss passt. Erkennen die Kinder die anderen wieder?

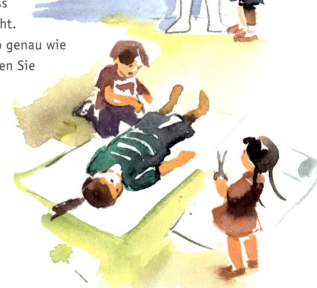

Figuren ergänzen

■ Die Kinder schneiden aus Zeitschriften den Kopf, den Ober- oder den Unterkörper von Personen aus, die ihnen gefallen. Die Teilstücke kleben sie auf ein Blatt Papier. Mit Filz- oder Buntstiften ergänzen Sie die fehlenden Körperteile. Die Figur, die nun entsteht, darf nach der Fantasie der Kinder gestaltet werden.

Gestalten

Höhlen bauen

■ In kleinen Höhlen nehmen die Kinder sich selbst und auch ihre Außenwelt ganz anders wahr. Sich in die eigene Höhle zurückziehen heißt symbolisch, sich klein machen, Schutz suchen und finden. Kinder lieben es, Spiel- und Rückzugsräume abzugrenzen, sich den Blicken anderer zu entziehen und sich selbst neu zu entdecken. In kleinen Räumen wird der eigene Körper als groß erfahren. Das stärkt das Ich-Bewusstsein. Unterstützen Sie die Kinder. Hängen Sie verschiedene Ecken ab, bauen Sie mit ihnen kleine Höhlen aus großen Waschmaschinenkartons oder gestalten Sie eine Höhle aus Pappmaschee.
Das Gestell formen Sie aus Kaninchendraht zu einer großen Halbkugel. An einer Seite lassen Sie ein Loch für den Eingang in die Höhle. Jetzt wird der Kaninchendraht so oft mit Kleisterpapier belegt, bis kein Platz mehr übrig ist. Lassen Sie das Ganze einige Tage gut austrocknen. Anschließend malen die Kinder ihre neue Höhle bunt an. Zum Schluss fixieren Sie die Bemalung mit Sprühlack (wegen der Dämpfe im Freien). Die Kinder werden ihre neue Höhle sehr schnell für ihr Spiel entdecken und lieben.
Tipp: Sie können die Höhle mit einer Schicht Gips überziehen und mit bunten Perlen oder Mosaikstückchen verzieren.

Freundschaftsdecke

■ Gestalten Sie mit den Kindern ganz persönliche Freundschaftsdecken. Diese Decken dürfen sie nutzen, wenn sie sich in eine ruhige Ecke zurückziehen möchten - ganz allein, mit einem Freund oder mit mehreren Freunden. Sie können sich auch mit Freunden darauf setzen, um sich etwas zu erzählen, oder sich mit mehreren Kindern zusammentun und mit ihren Decken eine Höhle bauen.
Sie brauchen für solch eine Decke große Stoffreste, eine alte Tischdecke oder eine alte Übergardine aus Baumwolle. Fragen Sie die Eltern, ob sie das eine oder andere Stück Stoff übrig haben.
Lassen Sie die Kinder mit Stoffmalfarben zum Bügelfixieren ihre ganz persönliche Decke gestalten. Wenn die Decke fertig bemalt ist, gut trocknen lassen. Zum Fixieren wird die Decke von der Rückseite drei Minuten lang gebügelt.

 **Gestalten**

Gestalten Sie die Toiletten um

■ Kinder wollen sich selbst entdecken, geben Sie Ihnen dazu Gelegenheit an einem Ort, an dem sie in der Regel allein sind. Bringen Sie in den Toilettenräumen Spiegel für die Kinder an. So haben die Kinder die Möglichkeit, sich selbst zu beobachten, wenn sie auf die Toilette gehen. Sie bekommen zudem Gelegenheit, sich selbst ganz anzusehen und ihren eigenen Körper in einem geschützten Raum zu betrachten.

Malspiel

■ Geben Sie jedem Kind ein Blatt Papier und einen Stift. Sagen Sie ihren Kindern, dass sie einen Weg mit vielen Schleifen malen sollen. Danach tauschen sie die Bilder untereinander. Nun probieren alle, den Weg des anderen genau nachzuzeichnen.

Klappbilder

■ Jedes Kind erhält ein Blatt Papier und zwei Stifte – für jede Hand einen. Nun versucht es beidhändig, sowohl mit der linken als auch mit der rechten Hand, das gleiche Motiv zu malen.

Geisterabdrücke

■ Führen Sie dieses Angebot im Sommer durch, wenn die Kinder Badebekleidung anziehen können. Füllen Sie eine Wanne oder einen Eimer mit Wasser. Die Kinder sollen sich vorstellen, dass sie Geister sind. Diese hinterlassen geheimnisvolle Abdrücke, die nach kurzer Zeit wie von Geisterhand wieder verschwinden. Sie tauchen einen Körperteil in das Wasser und drücken ihn danach auf die warmen Pflastersteine. So entstehen Hand-, Fuß- und Ganzkörperabdrücke. Die Bilder verschwinden innerhalb weniger Minuten.
Besonders viel Spaß macht die Malerei, wenn Sie die Bilder mit einem Spiel verbinden. Drei Kinder entfernen sich, während die anderen sich umdrehen. Eines der drei Kinder macht einen Abdruck. Um nicht gleich enttarnt zu werden, trocknet es sich gleich ab. Nun dürfen sich die anderen Kinder umdrehen und sich den Abdruck ansehen. Erraten sie, von welchem Kind er stammt?
Variation: Ein Kind legt sich auf den warmen Boden und darf dabei Verrenkungen machen. Mit einer Sprühflasche oder einer Wasserpistole umsprüht ein anderes Kind den Umriss des liegenden Kindes.

Gestalten

Malen nach Musik

■ Menschen sind vielen Geräuschen und Klangwellen ausgesetzt. Obwohl das Gehör oftmals nur nützliche Geräusche beachtet, werden einige Geräusche als laut, unangenehm und störend empfunden.

Bei diesem auditiven Angebot, das nicht nur das Hören umfasst, sondern auch das Sehen, das Fühlen und das gemeinsame Schaffen, erleben die Kinder angenehme und inspirierende Geräusche in Form von Musik.

Teilen Sie die Kinder in Kleingruppen zu drei oder vier Kindern ein. Wenn möglich, arbeiten Sie jeweils nur mit einer Gruppe in einem separaten Raum. So haben die Kinder mehr Ruhe und können sich besser auf das Angebot einlassen. Die Kinder tragen Malkittel.

Legen Sie eine große, weiße Pappe auf einen frei stehenden Tisch, der von allen Seiten umgangen werden kann. Füllen Sie helle Farben wie weiß, gelb, rot, grün und blau in Materialschälchen. Verzichten Sie auf dunkle Farben, da sie beim Vermischen nur als Braun erkennbar sind.

Die Kinder sollen versuchen, Musik durch Farbe auszudrücken. Dabei dürfen sie nicht sprechen. Stellen Sie rhythmische Instrumentalmusik an wie Rondo Veneziano. Die Kinder malen ohne Hilfsmittel. Sie verteilen die Farbe nur mit ihren Fingern. Dabei werden sie von den Klängen der Musik geleitet. Sie spüren die Konsistenz und Temperatur der Farbe. Sie sehen diese und experimentieren mit unterschiedlichen Farbwirkungen. Sollte die Berührung der Farbe mit den Fingern anfängliche Scheu auslösen, verschwindet diese sicherlich nach kurzer Zeit. Vielleicht werden einige Kinder im Eifer des Malens, die Malbewegungen mit dem ganzen Körper ausführen, sodass sie beim Malen tanzen. Die fertigen Kunstwerke werden im Gruppenraum aufgehängt.

Variation: Statt auf der Pappe malen die Kinder auf Stoff. Ziehen Sie ein Leinentuch auf einen großen Holzrahmen.

Malen, schmieren, matschen

Körperfarbe

■ Stellen Sie für jede Farbe folgende Zutaten bereit und vermischen Sie diese:

    1 Tasse Maisstärke
    1/2 Tasse Wasser
    1/2 Tasse Creme
    1 kleines Glas mit einigen Tropfen Lebensmittelfarbe

Mit diesen Farben dürfen sich die Kinder im Sommer draußen am ganzen Körper bemalen. Die Farbe lässt sich leicht aus Textilien auswaschen. Sie können den Kindern die Farbe auch mit nach Hause geben, sodass sie sich in der häuslichen Badewanne damit amüsieren können.

Malen mit Rasierschaum

■ Sprühen Sie Rasierschaum auf einen Tisch, eine Plastikfolie oder eine andere glatte Oberfläche. Lassen Sie im Hintergrund Entspannungsmusik laufen. Die Kinder fühlen und verstreichen den Rasierschaum. Es ist für sie eine angenehme, beruhigende und intensive Aktivität.
Variation: Bieten Sie diese Aktion auch als Ganzkörpermalen an. Die Kinder haben Badebekleidung an. Legen Sie eine lange Folie aus, auf der Sie Rasierschaum sprühen. Nun malen die Kinder mit ihrem ganzen Körper.

Malen mit Kleister

■ Legen Sie für jedes Kind ein mindestens einen Quadratmeter großes Stück Papier aus. Schütten Sie eine oder zwei Kellen warmen Kleister darauf. Geben Sie verschiedene Farben in den Kleister. Die Kinder verschmieren den Kleister und die Farbe mit beiden Händen. Unterlegen Sie die Malaktion mit schwungvoller Musik. Die Kinder werden zum lebhaften Malen angeregt, sodass interessante Fantasiebilder entstehen.

Sand und Kleister

■ Ein anderes Malerlebnis schaffen Sie den Kindern, wenn Sie Kleister mit Sand vermischen. Die Kinder malen mit dem Gemisch auf Papier. Auch bei diesem Angebot können Sie Farbe hinzufügen.
Variation: Die Kinder füllen das Sand-Kleister-Gemisch in Dosendeckel. Nun stecken sie kleine Muscheln, Steinchen und Federn hinein.

Gestalten

Fühlwelten gestalten

Fühlwand

■ Sammeln Sie für diese Gemeinschaftsarbeit unterschiedliche Stoffe, gefaserte Tapeten, Teppichstücke, Kronkorken, Korken, dicke Ketten, Reißzwecken, Pelzreste, getrocknete Orangenscheiben und Ähnliches mehr. Bitten Sie auch die Eltern um Unterstützung. Gemeinsam mit den Kindern befestigen Sie alle Materialien mit Leim oder kleinen Nägeln auf einer großen Spanplatte. Suchen Sie mit den Kindern einen geeigneten Platz für die Fühlwand aus.

Tipp: Die Kinder probieren die Fühlwand zu zweit aus. Ein Kind schließt die Augen. Das andere Kind führt seine Hand an eines der Materialien. Erkennt das Kind, welches Material es berührt?

Fühlboxen

■ Gestalten Sie mit den Kindern Fühlboxen. Dafür brauchen Sie mindestens vier Schuhkartons, aus denen Sie an einer Seite eine handgroße Öffnung ausschneiden. Um das Loch zu verdecken, befestigen Sie am oberen Rand der Öffnung ein Stück Stoff. Die Kinder bemalen die Schuhkartons mit Farben oder bekleben diese mit Folien, bunten Papieren oder Stoffstücken. Der Fantasie sind keine Grenzen gesetzt.

Tipp: Beispiele für den Einsatz der Fühlboxen finden Sie im Aktionsteil „Forschen und Entdecken".

Tobe- und Kuschelkissen

■ Füllen Sie einen Bettbezug mit aufgeblasenen Luftballons und nähen Sie diesen zu. Achten Sie darauf, dass er nicht zu dick ist. Nun können die Kinder darauf krabbeln, toben oder sich bequem hineinkuscheln.

Variation: Füllen Sie den Bettbezug mit Tennisbällen.

Kastanienbad

■ Sammeln Sie mit den Kindern im Herbst so viele Kastanien wie möglich. Starten Sie noch zusätzlich einen Aufruf an die Eltern, indem Sie um Mithilfe bitten. Trocknen Sie die Kastanien einige Wochen lang. Dazu brauchen Sie viel Platz, da sich die Kastanien nicht berühren dürfen. Ansonsten schimmeln sie. Sind sie richtig getrocknet, füllen Sie diese in ein stabiles Planschbecken oder ein Holzbecken. Es sollte so groß sein, dass mindestens ein Kind darin herumwühlen und sich hinlegen kann. Noch besser wäre ein größeres Becken, das zwei Kindern Platz zum gegenseitigen Einbuddeln lässt.

Vielleicht haben Sie handwerklich begabte Eltern in Ihrer Gruppe, die Ihnen ein großes Holzbecken anfertigen. Selbst wenn das Kastanienbad sehr viel Platz beansprucht, wird es sowohl bei kleinen als auch bei größeren Kindern täglich großen Anklang finden.

Arbeiten mit Gips

■ Für die Kinder wird die Anfertigung eines Abdrucks wahrscheinlich eine neue und interessante Körpererfahrung sein. Es gehört schon etwas Mut dazu, sich das Gesicht mit Gipsstreifen bedecken zu lassen. Wer sich traut, wird allerdings auch belohnt. Die Kinder erfahren am eigenen Körper, wie aus den harten und trockenen Streifen, nasse, kalte und weiche Stücke werden. Wenn der Gips allmählich abbindet, können die Kinder spüren, wie es unter der Maske immer wärmer wird.

Zeigen Sie den Kindern die richtige Handhabung mit den Gipsbinden. Das Schwierige dabei ist, diese nur sehr kurz ins Wasser einzutauchen und sie danach sofort aufzulegen. Werden sie zu lange ins Wasser gehalten, sind sie für die Arbeit unbrauchbar.

Gipsmasken

■ Zur Herstellung von Gipsmasken benötigen Sie acht Zentimeter breite Gipsbinden, eine Schere, Vaseline, Küchenpapier, eine Schüssel lauwarmes Wasser und einen Haarreif.

Schneiden Sie die Gipsbinde in verschieden große Streifen. Stecken Sie dem Kind, von dem ein Gipsabdruck gemacht wird, einen Haarreif ins Haar. Achten Sie darauf, dass keine Haare ins Gesicht fallen. Cremen Sie nun sein Gesicht und die Augenbrauen großzügig mit Vaseline ein. Legen Sie ein Stück Küchenpapier auf. Das Kind legt sich auf den Boden, der zum Schutz mit Zeitungspapier oder Wachsdecken ausgelegt ist.

Tauchen Sie die Streifen der Binde kurz in das Wasser. Legen Sie die Streifen dem Kind auf das Gesicht und streichen Sie sie glatt. Lassen Sie das Kind entscheiden, ob Sie den Mund ebenfalls mit Gipsstreifen bedecken sollen. Falls das Kind dies zulässt, müssen Sie aber die Nasenlöcher unbedingt frei lassen, damit es Luft bekommt. Wenn Sie die Augen aussparen, können diese auf Wunsch später noch mit Gipsbinden geschlossen werden. Insgesamt soll die Maske etwa drei Lagen stark werden und von der Stirn über die Wangen bis zum Kinn reichen. Zum Schluss, wenn der Gips gehärtet ist, kühlt er sich wieder ab. Dann kann die Maske vom Gesicht heruntergenommen werden und das Kind darf seinen Gesichtsabdruck bewundern.

Tipp: Die Außenränder der Maske müssen nicht perfekt sein, da Sie diese später mit der Schere gerade schneiden können. Die Augenpartien sollten Sie jedoch gleichmäßig bearbeiten.

Vorsicht: Wenn Wasser ins Auge läuft, tupfen Sie es vorsichtig mit Küchenpapier ab.

Wichtig: Gießen Sie keine Gipsreste in den Ausguss.

 **Gestalten**

Gipshand oder Gipsfuß

■ Die Vorbereitung und Durchführung dieser Aktion verläuft ähnlich wie bei den Gipsmasken. Schneiden Sie die Gipsbinden wieder in unterschiedlich lange Streifen. Für die Finger brauchen Sie kurze, schmale Stücke. Das Kind entscheidet, ob eine Hand oder ein Fuß eingegipst werden soll. Danach cremt es diesen Körperteil großzügig mit Vaseline ein. Vergewissern Sie sich, dass die Creme gut verteilt ist.

Tauchen Sie die Streifen der Binde kurz in das Wasser und legen Sie diese sofort auf die Hand oder den Fuß. Gipsen Sie nur die Oberseite des Körperteils ein, da sich so der Abdruck leichter ablösen lässt. Falls Sie die ganze Hand eingipsen, schneiden Sie diesen – nachdem er gehärtet ist – vorsichtig am Handteller auf. Das Kind befreit sich von dem Gips, indem es behutsam seine Hand und Finger darin bewegt und sie herauszieht.

Gipssäule

■ Eine sehr ansprechende Dekoration für den Eingangsbereich oder den Flur ist eine Gipssäule, die viele Blicke auf sich ziehen wird. Sie benötigen eine Teppichrolle, einen großen, massiven Übertopf, Gipspulver und Gipsbinden sowie fertige Gipsmasken, -hände und -füße.

Rühren Sie das Gipspulver laut Verpackungsanleitung an. Da Gips sehr schnell bindet und fest wird, müssen Sie schnell arbeiten. Rühren Sie deshalb immer nur kleinere Mengen Gips an, die Sie sofort verarbeiten können. Stellen Sie die Rolle in den Übertopf und füllen Sie den Gips ein, sodass mindestens drei viertel des Topfes gefüllt ist. Halten Sie die Rolle so lange fest, bis sie nicht mehr umfallen kann. Bestreichen Sie die Rolle in kleinen Abschnitten mit einer dickeren Gipsschicht. Während Sie die Maske flach in die noch nicht getrocknete Masse drücken, befestigen Sie die Hand oder den Fuß nur am Ansatz, sodass diese von der Säule abstehen. Mit Streifen von den Gipsbinden verstärken sie die Ansätze, damit die Abdrücke fest mit der Rolle verbunden sind. So verfahren Sie bis die komplette Säule von oben bis unten mit Gesichtern, Händen und Füßen bedeckt ist. Zum Schluss bessern Sie Unebenheiten mit Gipsmasse aus.

Die Kinder werden von der Säule begeistert sein, da sie dort verewigt sind. Mit Sicherheit werden sie dieses Kunstwerk stolz ihren Eltern zeigen.

Tipp: Noch dekorativer wird die Säule, wenn Sie kleine Blumentöpfe einarbeiten, die Sie anschließend bepflanzen. Auch der Topf, in den die Rolle eingegipst wird, eignet sich gut zum Bepflanzen. Füllen Sie den Topf wie oben beschrieben zu drei viertel mit Gips aus. Anschließend legen Sie – wenn alles getrocknet ist – eine Plastikfolie um die Rolle. Befestigen Sie diese mit Klebeband und Gips an der Säule sowie am Topf. Füllen Sie Seramis statt Blumenerde in den Topf, da Tongranulat saugfähiger als Erde ist. Jetzt müssen nur noch die Blumen eingepflanzt werden.

PeP: Körper

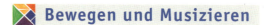

Körperreise

■ Als Einstieg in das Projekt bietet sich eine Körperreise an, die Sie den Kindern als Traumreise erzählen. Ebenso können Sie den Kindern aber auf einem Plakat, auf dem ein Körperschema abgebildet ist, den jeweiligen Standort zeigen. So können die Kinder die Reise visuell nachvollziehen. Lassen Sie im Hintergrund ruhige Entspannungsmusik laufen.

Während die Kinder Ihrer Erzählung zuhören, sollten sie bequem sitzen oder liegen. Nehmen Sie sich zuvor etwas Zeit und lesen Sie die Geschichte nochmals genau nach. So können Sie den Kindern an den richtigen Stellen ausreichend Zeit für ihre Fantasie geben. Erzählen Sie langsam, ruhig und deutlich.

Stellt euch vor, ihr befindet euch in einer kleinen Kammer. Es ist dunkel, aber warm und angenehm. Ihr seid in einem Körper. Genauer gesagt, ihr seid im Herzen. Hört ihr das Herzklopfen?

Jetzt wollt ihr auf Wanderschaft gehen. Dazu macht ihr euch ganz klein. In so einem Körper ist nämlich nicht viel Platz und ihr wollt ja an möglichst viele Stellen gehen. Ihr macht jetzt eine Reise in die verschiedenen Regionen des Körpers. Ihr wollt sehen, wie der Körper gebaut ist. Ihr wollt seine Einzelteile kennen lernen und verschiedene Körperstellen begrüßen.

Langsam geht ihr los. Heraus aus dem pumpenden Herzen in Richtung der linken Schulter. „Guten Tag, liebe Schulter, wie geht es dir heute?"

Ihr geht weiter. Jetzt rutscht ihr den Arm hinunter. Hui, das ist ja toll. Fast wie im Schwimmbad auf der großen Rutsche. Ihr kommt zur linken Hand und könnt die Finger sehen. „Guten Tag, liebe Hand, wie geht es dir heute? Ist dir kalt oder warm?" Ihr bleibt ein Weilchen bei der Hand. Dann geht es weiter. Ihr müsst den Arm wieder hinaufklettern. Das ist nicht so leicht, wie das Herunterrutschen. Jetzt wird es etwas mühsam. Aber ihr seid schon am Ellenbogen. Weiter geht es hinauf. Jetzt seid ihr fast wieder an der Schulter angekommen. Nun dürft ihr euch noch einmal fallen lassen. Hui, das ist toll. Es geht durch den Bauch vorbei an Magen, Leber und Milz direkt ins linke Bein bis zum Fuß. Meine Güte war das eine Geschwindigkeit.

„Guten Tag, lieber Fuß, wie geht es dir heute? Hast du gute Schuhe an, auf denen du bequem stehen kannst?" Ihr unterhaltet euch ein bisschen mit dem Fuß und verabschiedet euch auch schon wieder, denn euer Weg ist ja noch recht lang.

Jetzt macht ihr euch auf den Weg zurück bis zum Bauch. Vorbei am Knie zur Hüfte und von dort zur Bauchmitte. Ihr habt etwas Zeit und schaut euch genau um. Von hier aus könnt ihr den Darm sehen. Der ist ganz aktiv. Viele kleine Bakterien arbeiten wie wild, damit es keine Bauchschmerzen gibt. Ihr beobachtet sie eine Weile und geht dann weiter zum rechten Bein. Ihr wollt ja auch den rechten Fuß begrüßen. Also ab auf die Rutsche.

Bewegen und Musizieren

Hinunter am Bein bis zum rechten Fuß. Hui, das macht Spaß. „Guten Tag, lieber Fuß, wie geht es dir? Hast du gute Schuhe an, auf denen du bequem stehen kannst?" Ihr unterhaltet euch ein wenig mit dem Fuß. Dann verabschiedet ihr euch, denn euer Weg ist noch nicht zu Ende.

Nun geht es wieder nach oben. Ihr klettert am Knie vorbei und zur Hüfte. Ihr klettert langsam und schaut euch alles ganz genau an. Ihr kommt am Magen vorbei. Was ist denn hier los? Da stürzt gerade ein Wasserfall hinunter! Hat da jemand etwas getrunken? Ihr habt Glück und könnt gerade noch zur Seite springen, sodass ihr nicht nass werdet.

Eure Klettertour geht weiter. Ihr klettert im Körper hoch. Vorbei an der Lunge und der Brust kommt ihr an der rechten Schulter an. „Guten Tag, liebe Schulter, wie geht es dir?" Von hier rutscht ihr den rechten Arm hinunter, um die rechte Hand zu begrüßen. „Guten Tag, liebe Hand, wie geht es dir denn? Ist dir kalt oder warm?"

Ihr macht euch wieder auf den Weg. Vorbei am rechten Ellenbogen. Noch einmal kurz die Schulter gegrüßt, geht es durch den Hals vorbei an Luft- und Speiseröhre direkt in den Kopf. Hier ist ja was los. Wie kommt denn das Licht herein? Ach so, der Mund steht offen.

Ihr geht weiter zur Nase. Oh, da ist ja eine tolle Rutsche angebaut. Ihr überlegt, ob ihr hier nach draußen rutschen wollt. Aber noch ist es nicht soweit. Zunächst seid ihr neugierig auf die Augen und vor allem auf das Gehirn.

Ihr kommt nun direkt zum Gehirn. Hier sind interessante Irrwege. Boah! Das ist ja wie in einem riesigen Irrgarten. Überall blitzt und funkt es, weil hier ständig gearbeitet wird. Ihr schaut euch noch eine Weile um, dann macht ihr euch langsam auf den Rückweg. Ihr kommt wieder an den Augen, der Nase und dem Mund vorbei, dann klettert ihr durch den Hals direkt hinunter zum Herz. Dort angekommen ist es ruhig und dunkel. Nur der gleichmäßige Herzschlag verströmt eine angenehme Ruhe.

Ihr macht es euch gemütlich und überlegt, wo es am interessantesten war und an welcher Stelle ihr den Körper jetzt gern verlassen wollt. Ihr geht zu dieser Stelle. Egal, ob der Weg leicht oder beschwerlich ist. Er führt euch aus dem Körper. Langsam kommt ihr hier in den Raum zurück.

Tipp: Lassen Sie die Kinder von ihrer Reise durch den Körper erzählen. Geben Sie ihnen ein Blatt Papier und Stifte, damit sie die schönste Stelle im Körper malen können. Vielleicht ergibt sich so eine neue Reise. Später können Sie die Bilder zusammenfügen und zu einem Bilderbuch binden.

Bewegen und Musizieren

Barfußspiele

Kinderfüße werden viel zu häufig in enges Schuhwerk gesteckt. Um den eigenen Körper zu erkunden und in seiner Ganzheit wahrzunehmen, müssen die Kinder sich von Kopf bis Fuß wahrnehmen können. Auch die Füße dürfen natürlich zeigen, was sie alles können. Die Freude am Barfußlaufen ist für Kinder selbstverständlich. Dieses natürliche Verhalten können Sie mit ein paar Barfußspielen unterstützen.

Fußfühler

■ Legen Sie auf einer Decke verschiedene Gegenstände zurecht. Dies können Steine, Sand, Blätter und vielleicht ein nasser Schwamm sein. Einige Kinder setzen sich barfuß um diese Decke. Zunächst dürfen sie sich die Gegenstände ganz genau ansehen. Dann erzählen Sie den Kindern, dass sie sich vorstellen sollen, sie seien kleine Schnecken. Ganz vorsichtig wollen sie mit ihren Fühlern die Dinge auf der Decke ertasten. Ein Kind, das gerne Schnecke sein möchte, darf beginnen. Nachdem Sie ihm die Augen verbunden haben, darf es ganz langsam und vorsichtig seine Fühler ausstrecken. Es soll erraten, was es fühlt.

Variation: Sie können das Spiel erweitern, indem Sie einen Gegenstand verschwinden lassen. Die Schnecke muss durch Befühlen erraten, was fehlt.

Barfuß laufen befreit die Füße
Wer barfuß läuft, tritt behutsamer auf. Das dämpft die Stöße und gleicht Unebenheiten aus. Beim Barfußlaufen zwingt uns der Boden zu einer gesunden Fußhaltung. Automatisch verlagern wir unser Gewicht von der empfindlicheren Wölbung auf die unempfindlichen Außenkanten der Füße. Dabei stützen wir uns kräftig mit den Zehen ab und richten das Fußgewölbe auf.
Vorteilhaft wirkt auch die Temperatur beim Barfußlaufen. Die Temperaturreize unterstützen den Körper bei der Erzeugung von Wärme und stärken so seine Abwehrkräfte. Wer eine halbe Stunde auf kühlem Grund barfuß läuft, hat die ganze Nacht warme Füße. Diese Wärme verbreitet sich im ganzen Körper und lässt Erkältungskrankheiten kaum eine Chance.

Bewegen und Musizieren

Geschickt wie kleine Äffchen

■ Legen Sie Tücher, kleine weiche Bälle und Stöckchen auf die Decke. Die Kinder dürfen wie kleine Äffchen mit ihren Füßen nach den Gegenständen greifen und sie mit ihren Zehen aus der Mitte angeln.
Variation: Teilen Sie die Kinder in zwei Gruppen auf. Jede Gruppe hat die Aufgabe alle Gegenstände mit den Füßen in einen kleinen Korb oder Eimer zu bringen. Die Gruppe, die als erste fertig ist, hat gewonnen.

Füße begrüßen sich

■ Teilen Sie die Kinder in zwei Gruppen auf. Eine Gruppe bildet einen Innen- und einen Außenkreis, so dass sich jeweils zwei Kinder gegenübersitzen. Jetzt berühren sich die Kinder mit ihren Füßen. Das wird für die Kinder gar nicht so leicht auszuhalten sein, da es eine sehr kitzelige Angelegenheit werden kann. Wenn die Kinder sich beruhigt haben, erhalten sie die Aufgabe, sich gegenseitig mit den Füßen zu begrüßen. Sie sagen sich „Guten Tag" und „Auf Wiedersehen". Anschließend rutschen die äußeren Kinder weiter und das Spiel beginnt von vorn.

Haltungsübungen

■ Bereiten Sie Karten vor, auf denen Strichmännchen in verschiedenen Bewegungshaltungen abgebildet sind. Halten Sie jeweils eine Karte in die Höhe und geben Sie den Kindern die Aufgabe, sich genauso hinzustellen.

Wege gehen

■ Kleben Sie mit Kreppband eine Balancierlinie auf den Boden. Geben Sie den Kindern verschiedene Anweisungen, wie sie sich auf der Linie fortbewegen sollen. Dabei müssen die Kinder genau darauf achten, dass sie die Linie nicht verlassen. Die Kinder sollen auf der Linie balancieren, auf einem Bein hüpfen, seitwärts gehen, auf allen vieren kriechen, auf Hacke und auf Spitze laufen.
Variation: Als Steigerung können Sie auf dem Boden ein Seil auslegen. Das ergibt ein anderes Körpergefühl.

PeP: Körper

Bewegen und Musizieren

Entspannen und bewegen

Verwöhnkarussell

■ Teilen Sie die Kinder in zwei gleich große Gruppen auf. Eine Hälfte der Kinder legt sich in einen inneren Kreis, die andere Hälfte kniet sich außen vor die Kinder. Sie bilden das Verwöhnkarussell, in dem die Kinder liegen, die sich verwöhnen lassen wollen.

Um das Karussell in Betrieb zu nehmen, bekommen die Kinder im Außenkreis kleine Kärtchen, auf denen Beine, Arme, Rücken, Schultern und andere Körperteile aufgemalt sind. Aufgabe der Kinder im Außenkreis ist es nun, das jeweils vor ihnen liegende Kind zu verwöhnen, indem sie dieses an den auf der Karte gezeigten Körperstellen streicheln. Dazu krabbeln die Finger der Kinder über die jeweiligen Körperstellen.

Nach einer Weile lassen Sie ein kleines Glöckchen erklingen. Dies ist das Zeichen für die Kinder im Außenkreis, einen Platz weiter zu rutschen und das nächste Kind auf die gleiche Art zu verwöhnen. Wenn das Karussell sich einmal vollständig im Kreis gedreht hat, werden die Plätze getauscht. Die innen liegenden Kinder bekommen die Karten und bilden das Karussell.

Variation: Stellen Sie den Kindern Massagebälle zur Verfügung, sodass sowohl Hand- als auch Ballmassagen im Verwöhnkarussell möglich werden.

Magnetdecke

■ Legen Sie in die Mitte des Raums eine Decke. Dann bewegen sich die Kinder zur Musik. Von Zeit zu Zeit stoppen Sie die Musik. Gleichzeitig zeigen Sie auf einen Körperteil. Wie von einem Magnet angezogen laufen die Kinder zu der Decke und halten den von Ihnen gezeigten Körperteil auf die Decke.

Variation 1: Das Kind, das zuletzt den entsprechenden Körperteil auf die Decke hält, muss ausscheiden.

Variation 2: Statt auf das Körperteil zu zeigen, rufen Sie den jeweiligen Begriff. Die Kinder müssen nun überlegen, an welcher Stelle es sich befindet, und gleichzeitig schnell zur Magnetdecke laufen, um es darauf zu halten.

Rückenmalerei

■ Die Kinder stellen sich hintereinander auf. Das letzte Kind malt ein Bild auf den Rücken des Kindes, das vor ihm steht. Dieses malt nun das erkannte Bild auf den Rücken seines Vordermannes. So geht es weiter, bis das Bild beim ersten Kind angekommen ist. Das sagt laut, was es erkannt hat.

Bewegen und Musizieren

Hau-mich-nicht-Lied

Musik und Text: Fredrik Vahle
Aus: „Der Liederspatz" von Fredrik Vahle, Igel Records
Rechte: Aktive Musik-VerlagsgmbH, Dortmund

1. Komm wir laufen los, springen auf die Bank
und aufs alte Sofa drauf, hoch vom Kleiderschrank.

Refrain:
Doch hau mich, hau mich, hau mich, hau mich,
hau mich lieber nicht.
Beiß mich nicht und kratz mich nicht und hau mich lieber nicht.

2. Wir verkleiden uns, ich nehm Vatis Schuh,
du nimmst Omas Unterrock und Opas Hut dazu.
Refrain ...

3. Und aus Tisch und Stühlen baun wir uns ein Haus
und du guckst zum Boden - ich zum Kellerfenster raus.
Refrain ...

4. Und dann sind wir froh, wie ein Eskimo,
geben uns ein Nasenküsschen, denn das kitzelt so.
Refrain ...

Bewegen und Musizieren

Was fällt ihr bloß ein?!

Musik und Text: Heike Franz-Lammers
Aus: „Das Nashorn schlägt im Takt dazu" von Heike Franz-Lammers, Verlag Herder

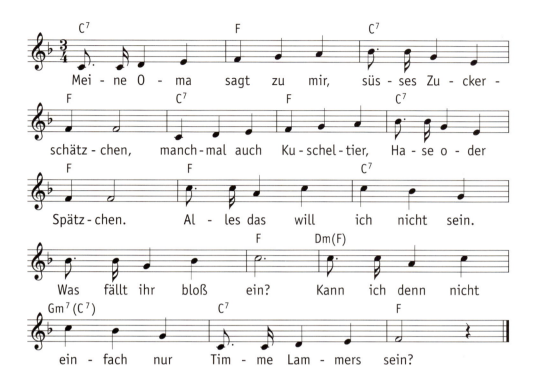

Meine Oma sagt zu mir, süßes Zuckerschätzchen,
manchmal auch Kuscheltier, Hase oder Spätzchen.
Alles das will ich nicht sein.
Was fällt ihr bloß ein?
Kann ich denn nicht einfach nur
(Name nennen) sein?

■ Beim letzten Satz energisch einen Schritt vortreten und mit der Hand auf sich selbst deuten. Selbstverständlich singen alle Kinder ihren eigenen Namen.

PeP: Körper

Bewegen und Musizieren

Verkehrte Schuhe

Musik und Text: Heike Franz-Lammers
Aus: „Das Nashorn schlägt im Takt dazu" von Heike Franz-Lammers, Verlag Herder

Nein, wie konnte das geschehn, konnte das geschehn,
ich hab' etwas übersehn, etwas übersehn.
Meine Füße biegen sich zu beiden Seiten wunderlich,
wie eine Ente watschel ich mit meinen Füßen lächerlich!
Ziehe ich mir um die Schuh', um die Schuh',
machst du mir die Schleifen zu, Schleifen zu?

Vorschlag als Tanzspiel:

■ Alle Kinder gehen im Kreis herum und singen das Lied. Ein Kind befindet sich im Kreis und watschelt mit verkehrt angezogenen Schuhen (möglichst noch einige Nummern zu groß) in umgekehrter Richtung herum. Auf den Text „Ziehe ich mir um die Schuh' ..." werden die verkehrten Schuhe ausgezogen. Alle Kinder bleiben stehen, um dem Kind dabei zuzusehen.
Bei der Textzeile „Machst du mir die Schleifen zu" werden die Schuhe einem anderen Kind übergeben. Nun ist dies an der Reihe. Es muss die Schuhe verkehrt herum anziehen und in der Mitte des Kreises herumgehen.

Bewegen und Musizieren

Das Flummilied

Text: Lore Kleikamp / Musik: Detlev Jöcker
Aus: CD, MC und Buch „Und weiter geht's im Sauseschritt"
Alle Rechte: Menschenkinder Verlag, 48157 Münster

1. Der Kopf, der ist aus Gummi, er wackelt hin und her, als ob darin kein einzger Knochen wär.

Refrain:
Wir sind aus weichem Gummi und tanzen einen Flummi.
Das ist der neuste Hit.
Wir sind aus weichem Gummi und tanzen einen Flummi.
Kommt und tanzt alle mit.

2. Die Schultern sind aus Gummi. Sie pendeln hin und her.

3. Die Hände …   **4.** Die Hüften …   **5.** Der Popo …

6. Die Beine …   **7.** Die Füße …

Zum Abschluss:
Wir sind aus weichem Gummi und tanzen einen Flummi.
Das ist der neuste Hit.
Wir sind aus weichem Gummi und tanzen einen Flummi.
Und keiner tanzt mehr mit.

Spielvorschlag
■ Die Kinder sollen bewusst einzelne Körperteile lockern. Es beginnt mit dem Kopf und geht in jeder Strophe weiter bis zu den Füßen. Beim Refrain tanzen alle so leicht und locker wie möglich. Am Ende des Spieles fallen alle langsam in sich zusammen.

Bewegen und Musizieren

Ich streichel dich ein bisschen

Text: Rolf Krenzer / Musik: Detlev Jöcker
Aus: CD, MC und Buch „Ich bin der kleine Zappelmann"
Alle Rechte: Menschenkinder Verlag, 48157 Münster

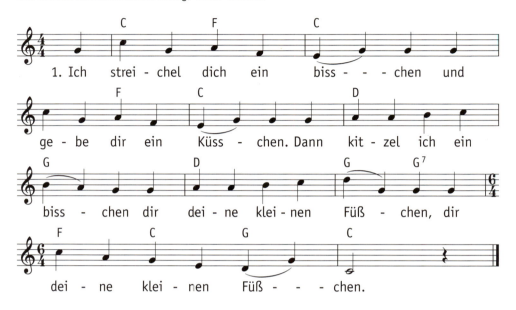

1. Ich streichel dich ein bisschen
und gebe dir ein Küsschen.
Dann kitzel ich ein bisschen
dir deine kleinen Füßchen,
dir deine kleinen Füßchen.

2. Ich krabbel dir, mein Kleinchen,
ganz zärtlich beide Beinchen,
dann setz' ich dich auf meine Knie
und schaukel dich, so wie noch nie,
und schaukel dich, so wie noch nie.

3. Und drück' ich deine Hände,
dann ist es bald zu Ende.
Ich rufe „Hopp!" und „Stopp!" und „Ho!"
und setze dich auf deinen Po,
und setze dich auf deinen Po.

Spiele rund um den Hörsinn

Angebote rund um den Hörsinn fördern die Konzentration, das Warten-Können und die Geduld.

Schlafender Wächter

■ Verbinden Sie einem Kind die Augen. Es spielt den Wächter, der eine kleine Glocke bewacht. Leider ist er eingeschlafen. Nacheinander versuchen andere Kinder, sich anzuschleichen und die Glocke wegzunehmen. Erkennt der Wächter, aus welcher Richtung ein Dieb kommt, in dem er mit dem Finger in die richtige Richtung zeigt, ist der Versuch gescheitert. Ein anderes Kind versucht dann, das Glöckchen zu stehlen. Gelingt es einem Kind, darf es in der nächsten Runde den Wächter spielen.

Wecker

■ Wählen Sie ein Kind aus, das den Raum verlässt. Verstecken Sie einen tickenden Wecker oder eine aufgezogene Eieruhr im Raum. Das Kind wird wieder hereingerufen und versucht durch Hören den Wecker zu finden. Die anderen Kinder müssen ganz leise sein, damit das Suchen nicht durch andere Geräusche erschwert wird. Ist der Wecker gefunden, darf ein anderes Kind den Wecker suchen.
Variation: Stoppen Sie die Zeiten der Kinder. Wer ist der schnellste Finder?

Wo ist die Glocke?

■ Geben Sie einem Kind unauffällig eine Glocke, sodass die anderen es nicht bemerken. Bestimmen Sie dann ein anderes Kind, das herausbekommen muss, wer im Besitz der Glocke ist. Auf Ihr Zeichen gehen die Kinder frei im Raum herum. Das Kind mit der Glocke gibt ab und zu kurze Klingelsignale, muss aber aufpassen, nicht entdeckt zu werden. Die anderen Kinder dürfen nicht verraten, wer die Glocke hat, auch wenn sie es bemerken.

Krachmacher

■ Die Kinder stehen im Kreis zusammen. Verbinden Sie einem ausgewählten Kind die Augen. Es stellt sich in die Mitte. Geben Sie nun einem anderen Kind ein Musikinstrument, eine Glocke, eine Dose mit Erbsen oder Ähnliches. Damit macht es Geräusche. Das Kind in der Mitte zeigt dann in die Richtung der Geräusche, um den Krachmacher zu entlarven. Hat es richtig gehört, darf das nächste Kind in die Mitte.
Variation: Der Krachmacher wechselt während des Spiels. Hat ein Kind Krach gemacht, reicht es den Geräuscherzeuger sofort einem anderen Kind weiter. Das Kind in der Mitte wird es schwerer haben, den Krachmacher aufzuspüren.

 **Spielen**

Sehen und Beobachten

Spiele, bei denen die Kinder genau und konzentriert beobachten, fördern die Merkfähigkeit und das Gedächtnis sowie das Vorstellungsvermögen.

Spiegeln

■ Die Kinder finden sich zu zweit zusammen und stellen sich gegenüber. Eines ist der Betrachter und eines das Spiegelbild. Das Spiegelbild macht nun alles nach, was sein Gegenüber vormacht. Es schneidet Grimassen, streicht sich über die Wange oder leckt mit der Zunge über die Zähne. Es versucht die Bewegungen so genau wie möglich mitzumachen. Da sich das Spiel über den ganzen Körper ausdehnen lässt, haben die Kinder viele Möglichkeiten sich auszuprobieren. Danach werden die Rollen getauscht.

Variation: Geben Sie den Kindern vor, wie sie sich vor dem Spiegeln verhalten sollen. Auf diese Weise benennen Sie die unterschiedlichen Körperteile, die sie durch ihre Bewegung bewusst kennen lernen sollen. Das kann auch mit einer kleinen Geschichte geschehen: *Jeden Morgen mache ich vor dem Spiegel ein wenig Morgengymnastik, um richtig wach zu werden. Dazu strecke ich meine Arme nach oben, strecke meine Hände und meine Finger. Ich strecke mich so sehr, dass ich mich dabei auf die Zehenspitzen stelle. Nachdem ich wach bin, wasche ich mein Gesicht. Die Ohren darf ich natürlich auch nicht vergessen. Jetzt putze ich mir die Zähne. Als Zahnbürste nehme ich ausnahmsweise meinen Zeigefinger. Erst putze ich die Vorderzähne, dann die Backenzähne. Danach gurgele ich. Nun creme ich mir mein Gesicht ein. Dazu streiche ich die Creme auf die Wangen, auf die Nase, auf das Kinn und auf die Stirn. Zum Schluss kämme ich mir meine Haare.*

Augenblinzeln

■ Stellen Sie einen Stuhlkreis auf. Alle Kinder suchen sich einen Partner aus. Die Hälfte der Kinder sitzt, dahinter steht der jeweilige Partner. Das ist der Bewacher. Er hat die Hände hinter dem Rücken. Eines der sitzenden Kinder hat aber keinen Bewacher. Es blinzelt einem anderen Kind zu, das auf einem Stuhl sitzt. Das muss versuchen, seinen Platz zu verlassen und zu dem anderen Kind zu gehen. Allerdings ist das nicht leicht, weil der Bewacher versucht, den Ausreißer durch Festhalten am Weggehen zu hindern. Gelingt ihm die Flucht dennoch, wird es selbst zum Bewacher und der Bewacher darf einem anderen Kind zublinzeln.

Beobachten wie Detektive

■ Schneiden Sie aus Zeitschriften alltägliche und bekannte Motive wie Häuser, Blumen, Bäume, Fahrräder oder Katzen aus. Kleben Sie diese auf kleine Pappkarten. Die Kinder sind Detektive, die paarweise zusammenarbeiten. Sie suchen sich einen Partner. Damit sie sich besser mit ihrer Rolle identifizieren können, wählen sie sich Detektivnamen aus. Geben Sie jedem Paar etwa acht Karten. Dann begeben sich alle gemeinsam auf einen Spaziergang. Die Detektive beobachten die Umgebung sehr genau. Sieht ein Detektiv ein Motiv, das auf einer Karte abgebildet ist, meldet er sich und gibt Ihnen die Karte. Das Paar, das am Ende des Spaziergangs die wenigsten Karten besitzt, hat gewonnen.

Körperteile

■ Die Kinder stehen im Kreis zusammen. Ein Kind beginnt ein Körperteil zu benennen und sagt: „Ich fasse mich an meine Ohren!" Gleichzeitig unterstützt es sein Gesagtes, indem es mit seinen Händen seine Ohren berührt. Die anderen Kinder fassen sich ebenfalls an ihre Ohren. Danach geht es reihum weiter. Jedes Kind benennt ein Körperteil und berührt es.

Variation: Ein Kind beginnt und nennt einen Körperteil, den es berührt. Das nächste wiederholt dies und ergänzt es um einen neuen Körperteil. Je mehr Kinder an der Reihe waren, umso schwieriger wird es für die folgenden, alles richtig zu wiederholen. Natürlich dürfen die anderen Kinder tatkräftig unterstützen.

Händedruck

■ Die Kinder stehen im Kreis und halten sich an den Händen. Ein Kind verlässt den Raum. In der Zeit verabreden Sie mit den anderen, wer den Händedruck losschickt und in welche Richtung er reihum weitergegeben werden soll. Danach wird das Kind wieder hineingerufen. Es stellt sich in die Mitte des Kreises und muss nun genau beobachten, wer den Händedruck weitergibt. Dieser Vorgang des Empfangens und Weitergebens muss natürlich sehr unauffällig geschehen. Findet das Kind in der Mitte heraus, wo der Händedruck gerade ist, muss das Kind, das ihn weitergeben wollte, in die Mitte.

Wie sehe ich aus?

■ Alle Kinder sitzen im Kreis zusammen. Wählen Sie drei Kinder aus, die sich in die Mitte stellen. Nun begutachten alle sehr genau die Kinder in der Mitte. Jeder versucht sich zu merken, wie sie aussehen und welche Kleidung sie tragen. Nach kurzer Zeit verlassen die drei Kinder den Raum. Draußen verändern sie fünf Sachen an sich selbst oder untereinander. Sie tauschen Kleidungsstücke, Schuhe und Haarklammern. Dann gehen sie in den Raum zurück und stellen sich wieder in die Mitte. Nun darf geraten werden. Finden die anderen Kinder die fünf Dinge, die verändert wurden? Haben sie alles gefunden, dürfen die nächsten drei Kinder in die Mitte.

Spielen

Fühlen, tasten, spüren

Fühlen und erkennen

■ Für dieses Spiel brauchen Sie mindestens drei Bettlaken. Wählen Sie ein Kind aus, das den Raum verlässt. Die anderen Kinder sitzen im Kreis zusammen. Drei von ihnen verstecken sich unter einem Bettlaken. Achten Sie darauf, dass sie gut verhüllt sind. Nun wird das Kind hereingerufen. Es muss fühlend erraten, wer unter welchem Bettlaken versteckt ist. Die verhüllten Kinder dürfen keinen Laut von sich geben. Hat das Kind alles richtig erfühlt, verlässt ein anderes Kind den Raum. Bevor es wieder hereinkommt, tauschen die anderen ihre Plätze.
Variation: Um das Spiel zu erschweren, nehmen Sie mehr als drei Bettlaken, unter denen sich Kinder verstecken.

Das verhüllte Kind

■ Ein Kind versteckt sich unter einem Bettlaken. Es setzt sich in einer ausgedachten Position hin. Ein anderes Kind versucht durch Tasten herauszubekommen, wie das verhüllte Kind sitzt, wie es seinen Kopf hält, seine Arme und seine Beine. Ist es der Meinung, es hat die Stellung mit den Händen genug erforscht, versucht es diese nun selbst nachzustellen. Wenn es fertig ist, nehmen Sie das Laken ab und vergleichen Sie zusammen mit den anderen Kindern, ob seine Haltung mit dem zugedeckten Kind übereinstimmt.

Das doppelte Denkmal

■ Bilden Sie zwei Gruppen. Die eine Gruppe verlässt den Raum. Die andere bildet zusammen ein Denkmal. Sie besprechen, wie sie sich hinstellen wollen und was sie darstellen möchten. Steht das Denkmal, rufen Sie die zweite Gruppe wieder herein. Die Kinder betrachten das Denkmal von allen Seiten und stellen es anschließend so gut wie möglich nach.
Variation: Bilden Sie anfangs drei Gruppen. Eine bildet das Denkmal, eine stellt es nach und die dritte spielt die Jury.

Wir kleben zusammen

■ Zwei Kinder stellen sich vor, dass sie mit den Fingerspitzen aneinander kleben. Ein Kind führt und das andere folgt ihm. Dabei probiert das führende Kind viele verschiedene Bewegungen aus.

Was fühlst du?

Kalt oder warm

■ Suchen Sie unterschiedliche Gegenstände zusammen, die kalt oder warm sind. Das können Eiswürfel in einem Gefrierbeutel, Handwärmer, Wärmflasche, Waschlappen, kalte oder warme Steine sein.

Die Kinder sitzen im Kreis zusammen und haben die Augen geschlossen. Geben Sie ihnen nacheinander die unterschiedlichen Gegenstände in die Hand oder legen Sie diese auf die Unterarme. Bitten Sie die Kinder vor Beginn des Spiels, dass sie nicht sofort verraten sollen, ob der Gegenstand warm oder kalt ist. Erst am Ende jeder Runde, wenn sie die Augen wieder öffnen dürfen, berichten sie über ihre Empfindung.

Angenehm oder unangenehm

■ Dieses Spiel eignet sich sowohl für drinnen als auch für draußen. Jedes Kind sucht für sich drei Sachen, die weich, hart, kratzig oder flauschig sind. Es darf niemandem sagen oder zeigen, was es hat. Wenn alle fündig geworden sind, sucht sich jeder einen Partner. Einer von beiden schließt die Augen. Sein Arm muss unbekleidet sein. Das andere Kind nimmt nacheinander einen seiner Gegenstände und streicht damit behutsam über den Unterarm des Partners. Dieser soll nicht erraten, um welchen Gegenstand es sich handelt, sondern nur sagen, ob es angenehm ist oder nicht. Am Schluss soll er sagen, welchen der drei Gegenstände er für sich am angenehmsten empfand und welchen er nicht mochte.

Danach setzen sich alle Kinder in einem Kreis zusammen und zeigen den anderen, welche Gegenstände sie als angenehm und als unangenehm empfunden haben. Fragen Sie nach, weshalb der eine Gegenstand gemocht wird und weshalb der andere nicht.

Baumfühlungen

■ Die Kinder finden sich zu zweit zusammen. Einem Kind werden die Augen verbunden. Dann wird es von seinem Partner zu einem Baum geführt, den es blind ertasten muss. Danach wird es wieder weggeführt. Nun darf es das Tuch abnehmen und muss den Baum wiederfinden. Es geht zu verschiedenen Bäumen und tastet sie ab, bis es meint, den richtigen gefunden zu haben.

Spielen

Sandsäckchen auflegen

■ Ein Kind legt sich mit geschlossenen Augen in den Kreis. Ein anderes nimmt ein Sandsäckchen und legt es ihm auf ein Körperteil. Insgesamt wird ihm das Säckchen an drei verschiedenen Stellen aufgelegt. Das liegende Kind nennt jedes Mal das entsprechende Körperteil. Danach wählt es ein anderes Kind aus und legt diesem das Sandsäckchen auf.

Fuß-Rätsel

■ Bei diesem lustigen Rätselspiel fördern Sie die Konzentrations- und Wahrnehmungsfähigkeit sowie die Beobachtungsgabe der Kinder. Sie benötigen ein großes Leinentuch oder ein Bettlaken.
Teilen Sie die Kinder in zwei Gruppen. Hängen Sie das Tuch so auf, dass es auf den Boden reicht und auf beiden Seiten genügend Platz für jede Mannschaft ist. Alle Kinder ziehen ihre Schuhe und Strümpfe aus. Pro Gruppe tritt abwechselnd je ein Kind an den Rand des Tuchs und zeigt der anderen Mannschaft seinen nackten Fuß. Die restliche Gruppe ruft: „Wem gehört der Fuß?"
Die andere Mannschaft berät sich und wählt ein Kind aus, das die Antwort geben darf. Bei jeder richtigen Antwort bekommt die Mannschaft einen Punkt. Nach einiger Zeit werden die Rollen getauscht. Welche Gruppe hat zuerst alle Füße der Kinder einer Gruppe erkannt?
Variation: Statt der Füße können Sie auch Hände, Hinterkopf oder Ellenbogen erraten lassen.

Barfußangeln

■ Legen Sie Murmeln und Legosteine in einem Kreis aus. Die Kinder sitzen darum herum. Alle haben ihre Schuhe und Strümpfe ausgezogen. Geben Sie jedem Kind ein kleines Körbchen, das es neben seine Beine stellt. Auf Ihr Zeichen angeln die Kinder mit ihren Füßen möglichst viele Murmeln und Steine und legen sie in ihr Körbchen. Vereinbaren Sie vorher eine Punktzahl für die einzelnen Gegenstände. Für Legosteine gibt es einen Punkt, für Murmeln zwei Punkte. Das Kind, das die meisten Punkte angelt, gewinnt.

Fußbagger-Staffel

■ Die Füße dienen bei dieser Staffel als Bagger, deshalb sind alle Kinder barfuß. Die Kinder bilden zwei Mannschaften. Eine Hälfte der Mannschaft stellt sich hintereinander an einem Ende der Strecke auf, die andere Hälfte stellt sich gegenüber auf. Auf Ihr Zeichen greifen die beiden ersten Kinder aus jeder Gruppe mit ihren Zehen einen Legostein, der auf der Startlinie liegt und transportieren ihn auf die andere Seite, wo ihn das nächste Kind mit seinen Zehen entgegennimmt.

Fang mich! Ich krieg dich!

Kinder brauchen Körper- und Bewegungserfahrungen für eine gesunde Entwicklung. Bei diesen Fangspielen sind außer dem Wegrennen und Anschlagen auch andere Herausforderungen zu bewältigen.

Brandmal

■ Ein Kind fängt. Es versucht, ein anderes Kind anzuschlagen. Gelingt es ihm, ist das angeschlagene Kind der Fänger. Es muss allerdings eine Hand auf die angeschlagene Stelle legen: das Brandmal. Wurde es am Rücken angetickt, hält es seine Hand auf den Rücken. Die Hand muss, während es fängt, die ganze Zeit auf der Stelle bleiben. Die Kinder werden schnell merken, dass das Spiel lustiger wird, wenn sie an schwer erreichbaren oder gehbehindernden Körperstellen anschlagen.

Hock dich hin und du bist frei

■ Bei diesem Fangspiel können sich die Kinder durch Beobachtung und schnelle Reaktion retten, um nicht selbst zum Fänger zu werden. Ein Kind ist der Fänger. Beim Laufen versucht es, ein anderes Kind anzuschlagen. Alle Kinder laufen schnell weg, um nicht erwischt zu werden. Ist ein Kind in Gefahr, angeschlagen zu werden, kann es sich schnell durch Hinhocken retten. Dadurch ist es in Sicherheit, denn der Fänger darf es nicht anschlagen. Nur stehende oder laufende Kinder darf er abschlagen. Allerdings darf sich ein Kind nicht zu lange hinhocken. In dem Fall darf es der Fänger auszählen. Dazu bleibt er in kurzer Entfernung stehen und zählt bis fünf. Während dieser Zeit muss das Kind flüchten, andernfalls wird es zum neuen Fänger.

Hüpfendes Einbein

■ Wählen Sie ein Kind aus, das der Fänger ist. Dieser darf nur auf einem Bein hüpfen. Während es fängt, darf es sein Hüpfbein nicht wechseln. Fängt es ein anderes Kind, ist dieses der neue Fänger.

Kängurufangen

■ Geben Sie jedem Kind einen Ball, den es zwischen seine Beine steckt. Die Kinder stellen sich nun vor, hüpfende Kängurus zu sein. Ein Kind spielt das Ober-Känguru. Es versucht, die anderen zu fangen. Dabei dürfen die Bälle zwischen den Beinen nicht verloren werden. Fängt es ein Känguru, so ist dieses das neue Ober-Känguru.

# Spielen

Armziehen

■ Zeichnen Sie eine Linie auf den Boden. Zwei Kinder stehen sich auf allen vieren gegenüber. Sie halten einen langen Schal oder ein langes Stoffband in einer Hand und dürfen nicht loslassen. Die andere Hand und die Knie müssen den Boden berühren. Die Aufgabe besteht darin, dass jedes Kind versucht, das andere über die Linie zu ziehen. Hierbei darf das andere Kind auch durch Grimassenschneiden oder Witze machen abgelenkt werden, damit es zu lachen anfängt und vor Lachen über die Linie kugelt.

Bauchziehen

■ Bei diesem Spiel stehen sich zwei Kinder an der Linie gegenüber. Diesmal haben sie sich jeweils den Rücken zugewandt. Binden Sie den Kindern einen langen Schal oder ein breites Stoffband um beide Bäuche. Nun müssen sie versuchen, den anderen über die Linie zu ziehen.

Gemeinsamkeiten ansagen

■ Alle Kinder sitzen im Kreis. Nur ein Kind steht in der Mitte. Es muss versuchen, sich einen Platz zu erhaschen, indem es die anderen Kinder auffordert, die Plätze zu wechseln. Dafür gibt es Kommandos wie: „Alle Kinder, die braune Haare haben, wechseln ihre Plätze". Alle Kinder, auf die dies zutrifft, müssen die Plätze tauschen. Das Kind in der Mitte versucht nun, einen Platz zu ergattern. Wer übrig bleibt, darf die nächsten Kommandos geben.
Variation: Die Kinder rufen ihre Lieblingsfarben, die Farben in der Kleidung oder ihr Lieblingsessen.

Virus und Antikörper

■ Für dieses Spiel benötigen Sie eine gerade Anzahl von mitspielenden Kindern. Die Kinder bilden einen Kreis und fassen sich an den Händen.
Zwei Kinder spielen einen Virus. Sie halten sich an den Händen und rennen um den Kreis. Plötzlich schlagen sie auf ein Händepaar und los geht's. Das berührte Paar ist nun der Antivirus und rennt in entgegengesetzter Richtung mit dem Virus um die Wette. Wer zuerst gemeinsam in der Lücke ankommt, hat gewonnen. Damit ein Zusammenprallen verhindert wird, weichen die Paare, die sich auf halber Strecke begegnen jeweils nach rechts aus. Das Paar, das zuletzt an der Lücke ankommt, bildet den nächsten Virus und das Spiel beginnt von vorne.

PeP: Körper

Geschicklichkeitsspiele mit Wäscheklammern

Wäscheklammern ergattern

■ Bei diesem schnellen Bewegungsspiel geben Sie jedem Kind je fünf Wäscheklammern. Diese stecken sie sich an die Kleidung. Danach laufen alle herum und versuchen bei den anderen, soviel Klammern wie möglich zu erwischen. Allerdings muss jedes Kind auch auf seine eigenen Klammern aufpassen, indem es sich bei Gefahr geschickt wegdreht. Das Spiel ist beendet, wenn alle Klammern gesammelt sind. Es gewinnt das Kind, das die meisten Klammern ergattert hat.

Klammerbefreiung

■ Jedes Kind erhält fünf Klammern, die es sich an jeweils einem Ärmel und einem Hosenbein sowie am Bauch (Pulli) feststeckt. Auf Ihr Zeichen versuchen die Kinder, die Wäscheklammern zu entfernen. Allerdings dürfen sie dabei nicht ihre Hände zu Hilfe nehmen. Es wird interessant, welche Methoden sich die Kinder einfallen lassen, um die Klammern zu lösen.
Variation: Jedes Kind sucht sich einen Partner. Gegenseitig stecken sie sich je fünf Wäscheklammern an verschiedenen Stellen an. Damit es für alle gleich schwierig ist, nennen Sie die Stellen, an denen die Klammern gesteckt werden sollen. Auf Ihr Startzeichen versuchen die Kinder, sich gegenseitig ohne Einsatz der Hände von den Klammern zu befreien. Welches Paar schafft es als erstes?

Klammervogel

■ Das Spiel ähnelt dem Spiel „Blinde Kuh". Allerdings wird aus der Kuh ein Vogel. Ein Kind spielt den Vogel. Verbinden Sie ihm die Augen und stecken Sie ihm zehn Federn in Form von Wäscheklammern an den Rücken. Die anderen Kinder schleichen sich auf Ihr Zeichen leise und vorsichtig von hinten an den Vogel heran und versuchen ihm jeweils eine Feder zu entwenden. Der Vogel ist wachsam und versucht seinerseits, einen der Diebe zu erwischen. Gelingt es ihm, ist die Runde beendet. Der gefangene Dieb ist in der nächsten Runde der Klammervogel. Schafft es der Vogel nicht, ein Kind zu fangen und wurden ihm all seine Federn gestohlen, hat er das Spiel verloren und darf einen neuen Klammervogel für die nächste Runde bestimmen.
Variation: Spielen Sie das Spiel im Sommer im Freien. Geben Sie dem Klammervogel eine mit Wasser gefüllte Spritzflasche in die Hand, damit er die Diebe besser abwehren kann. Diese müssen nun beim Anschleichen besonders vorsichtig sein, um nicht nass gespritzt zu werden.

# Spielen

Klammerdieb

■ Suchen Sie ein Kind aus, das den Klammerdieb spielt. Ein anderes Kind ist im Besitz des wertvollen Schatzes in Form von Klammern, die ihm die anderen Kinder auf dem Rücken an den Pullover gesteckt haben. Der Klammerdieb versucht, dem Kind die Wäscheklammern abzuziehen. Dies ist allerdings nicht so einfach, weil die anderen Kinder versuchen werden, das zu verhindern.

Wäscheklammern loswerden

■ Dies ist die umgekehrte Variante des Spiels „Wäscheklammern ergattern". Die Kinder bekommen fünf Klammern, die sie nicht an ihrer Kleidung befestigen, sondern es bei den anderen Kindern versuchen. Die wiederum wollen das verhindern, müssen aber gleichzeitig versuchen, ihre Klammern bei den anderen Kindern anzustecken.

Zettel klemmen

■ Bereiten Sie zehn Zettel vor, auf die Sie Nase, rechten Unterarm, linken Zeigefinger, rechtes Knie und andere Körperteile zeichnen. Verteilen Sie diese auf dem Boden.
Die Kinder suchen sich einen Partner. Auf Ihr Zeichen hebt ein Paar einen Zettel auf und klemmt ihn zwischen die bezeichneten Körperteile. Danach hebt es einen weiteren Zettel auf. Es muss dabei aufpassen, dass ihm der erste Zettel nicht herunterfällt. So geht es weiter, bis alle Zettel aufgehoben und zwischen die jeweiligen Körperteile geklemmt wurden oder ein Zettel hinunterfällt. Für jeden geschafften Zettel bekommt das Paar eine Wäscheklammer. Danach darf das nächste Paar sein Glück versuchen. Welches Paar schafft die meisten Zettel zwischen sich zu klemmen? Wer hat zum Schluss die meisten Wäscheklammern gesammelt?
Variation: Mehrere Paare können eine Staffel bilden und nacheinander die Kärtchen zum Ziel transportieren.

Staubsauger

■ Stellen Sie jedem Kind zehn Erbsen, einen Strohhalm und einen Becher bereit. Auf Ihr Kommando versuchen alle, so schnell wie möglich die Erbsen mit dem Strohhalm in den Becher zu befördern. Gewonnen hat, wer zuerst alle Erbsen im Becher hat.
Variation: Etwas schwieriger ist das Spiel, wenn die Kinder ihre Hände nicht benutzen dürfen, sondern die Erbsen mit dem Halm in den Mund befördern müssen.

Erkennst du die anderen?

■ Die Kinder halten sich ein Blatt vor ihr Gesicht. Mit einem schwarzen Filzstift sollen sie nun ihr eigenes Gesicht auf das Blatt malen. Wenn alle fertig sind, werden die Bilder eingesammelt. Jetzt wird der Reihe nach geraten, wer sich selbst gemalt hat.

Wer bin ich? Wer bist du?

Spring auf

■ Bei diesem Kreisspiel sitzt jedes Kind auf einem Stuhl. Suchen Sie nach einem Merkmal, das mehrere Kinder im Kreis besitzen. Sagen Sie nun: „Spring auf, wenn du blonde Haare hast." Alle Kinder, auf die das Merkmal zutrifft, tauschen so schnell wie möglich ihre Plätze. Achten Sie darauf, dass wirklich jedes Kind hinterher auf einem anderen Platz sitzt. Wiederholen Sie das Spiel und nennen Sie in jeder Runde ein anderes Merkmal, beispielsweise „wenn du ein Mädchen/Junge bist", „wenn du eine Brille trägst", „wenn du braune Augen hast" oder „wenn du Sommersprossen hast".

Noch spannender wird das Spiel, wenn Sie auch Körpermerkmale nennen, die alle Kinder haben wie einen Bauchnabel oder eine Nase.

Variation: Ein Kind steht in der Mitte und nennt ein Merkmal. Die jeweiligen Kinder tauschen ihre Plätze. Sie müssen sich beeilen, damit sie einen freien Stuhl bekommen, da das Kind in der Mitte ebenfalls versucht, einen freien Platz zu erwischen. Das Kind, das keinen Platz bekommen hat, stellt sich in die Mitte und nennt eine Eigenschaft.

Mädchen oder Junge

■ Bilden Sie zwei Mannschaften. Achten Sie darauf, dass die Anzahl der Mädchen und Jungen in den beiden Gruppen ungefähr gleich ist. Bei diesem Spiel brauchen Sie ein großes Tuch. Dieses halten zwei Personen zwischen den beiden Mannschaften so, dass es bis auf den Boden reicht und den Blick auf die andere Gruppe verhindert. Stellen Sie auf jeder Seite des Tuches in der Mitte einen Stuhl auf. Achten Sie darauf, dass die Stühle gegenüberstehen.

Jede Mannschaft wählt ein Kind aus, das sich auf den Stuhl setzt. Auf Ihr Zeichen wird das Tuch schnell heruntergelassen, sodass sich beide Kinder ansehen. In Sekundenschnelle müssen sie erkennen, ob es ein Mädchen oder ein Junge ist und die Antwort rufen. Die Mannschaft, deren Kind zuerst die richtige Antwort gegeben hat, bekommt einen Punkt. Danach wird das Tuch wieder hoch gehalten und die Stühle werden neu besetzt.

Spielen

Schattenkinder

■ Dunkeln Sie einen Raum ab und spannen Sie ein Bettlaken an einer Leine auf. Stellen Sie eine stark leuchtende Lampe oder einen Diaprojektor in etwa zwei Meter Entfernung auf.
Die Kinder sitzen vor dem Laken wie vor einer Bühne. Wählen Sie mehrere Kinder aus, die hinter die Bühne gehen sollen. Nacheinander stellen sie sich zwischen Laken und Lampe. Sie dürfen sich bewegen und verschiedene Verrenkungen machen. Die Zuschauer versuchen zu erraten, wer das jeweilige Schattenkind ist. Nach einiger Zeit dürfen andere Kinder die Schattenkinder sein.

Identifikation

■ Alle Kinder sitzen im Kreis zusammen. In der Mitte steht ein Stuhl. Ein Kind verlässt den Raum. Ihm werden die Augen verbunden. Ein anderes Kind setzt sich auf den Stuhl. Nun darf das Kind wieder hereinkommen und muss durch Ertasten des Gesichts erraten, wer auf dem Stuhl sitzt. Natürlich darf weder dieses noch ein anderes Kind einen Laut von sich geben. Ist das Kind erkannt, darf es den Raum verlassen, um danach selbst durch Ertasten jemanden zu erkennen.

Jeder ist anders, manchmal sind wir gleich

■ Alle Kinder gehen bei Musik im Raum herum.
Hin und wieder stellen Sie die Musik aus und geben Anweisungen, wie sich die Kinder zusammenfinden sollen.
- Alle Mädchen und alle Jungen finden sich zusammen.
- Alle, die gleich alt sind, ...
- Alle, die die gleiche Augenfarbe haben, ...
- Alle, die gleich groß sind, ...
- Alle, die die gleiche Haarfarbe haben, ...
- Alle, die gern Fußball spielen, ...
- Alle, die gern mit Puppen spielen, ...
- Alle, die gern Nudeln essen, ...

Nachdem sich die Kinder zusammengefunden und sich begutachtet haben, schalten Sie die Musik wieder an und die nächste Runde beginnt.

Das Fest der Sinne

Einladung

■ Gestalten Sie mit den Kindern eine Schüttelkarte. Nehmen Sie ein kleines Zellophantütchen und befüllen Sie es mit kleinen Dingen, die das Projekt erkennbar machen. Dies können verschiedene aus Pappe gefertigte Körperteile, Viren und Antiviren sein. Dann geben Sie noch etwas Glitzerstreu und ein paar nette Grüße hinzu. Abschließend nehmen Sie eine Passepartout-Karte, schreiben den Text für die Einladung hinein und kleben die kleine Tüte ein.

In ähnlicher Vorgehensweise können Sie auch Poster für das Fest gestalten. Es darf durchaus zu „hören" sein, dass die Sinne angesprochen werden.

Selbstporträts als Gästeliste

■ Befestigen Sie an einer Wand im Eingangsbereich eine große, stabile Pappplatte oder eine ausgerollte Tapete, auf der sich jeder Festbesucher mit seinem Selbstporträt verewigen kann. Zum Malen legen Sie Bunt- oder Faserstifte bereit. Wer möchte, darf seinen Namen zu dem Bild schreiben. Je mehr Besucher dieses Angebot wahrnehmen, desto interessanter und vielseitiger wird die „Gästeliste". Lassen Sie das Plakat auch nach dem Fest hängen, denn die Kinder werden es sich bestimmt gern immer wieder ansehen und sich so an die Feier erinnern.

Ein besonderes Gästebuch

■ Nehmen Sie eine große Pappe. Malen oder kleben Sie darauf für jedes der fünf Sinne das passende Symbol. Bereiten Sie danach eine Papphand vor, die Sie mit einer stabilen Feder an dem Tisch befestigen, auf dem das Gästebuch liegt. Die Hand sollte direkt auf das Gästebuch zeigen. Sie soll gut sichtbar sein und den Eindruck erwecken, als würde sie jeden Gast begrüßen und dabei auf das Gästebuch hinweisen. Eine zweite Hand könnte den Stift für die Eintragungen bereithalten.

Feiern

Zelt der Träume

■ Bei allem Trubel auf einem rauschenden Fest sollten Sie Gelegenheit für Entspannung bieten. Gestalten Sie einen Paravent zu einem Zelt der Träume, indem Sie die offenen Seiten mit Bettlaken oder Decken abhängen. Auf den Boden legen Sie weiche Matten, die Sie ebenfalls mit weißen Bettlaken abdecken. Weiße Kuscheltiere, allerlei Massagebälle und ähnliche Dinge steigern die Wohlfühlatmosphäre im Zelt und animieren zum Verweilen. Bringen Sie eine Lichterkette an der Zeltdecke an und hängen Sie ein paar Glitzersterne oder Spiegelkugeln an das Zeltdach. Zum Schluss stellen Sie noch einen Kassettenrekorder mit Entspannungsmusik hinein und machen ein Duftlämpchen an. Betreten werden darf das Zelt natürlich nur in Socken oder barfuß.

Kissen aus Spiegelfolie

■ Nähen Sie vor dem Fest Kissen und Rollen aus Spiegelfolie. Füllen Sie diese mit Zauberwatte, Reis, Styroporkügelchen oder ähnlichen Materialien. Die fertigen Kissen legen Sie in das Zelt der Träume. Sie dienen zur visuellen und taktilen Anregung.

Schüttelgläser

■ Starten Sie einige Zeit vor dem Fest einen Aufruf an die Eltern. Bitten Sie diese um ausgewaschene Gläser mit Schraubverschluss und Deckel. Diese dürfen die Kinder auf dem Fest nach eigenen Vorstellungen zu Schüttelgläsern umgestalten und zur Erinnerung an das Fest mit nach Hause nehmen. Natürlich dürfen die Eltern ihren Kindern helfen, besonders beim Festschrauben des Deckels.

Stellen Sie für dieses Angebot ausreichend Schälchen mit Glitzerstaub, Schnee, Goldfäden und ähnlichen Materialien bereit. Außerdem müssen Sie noch Öle, die mit Lebensmittelfarbe gefärbt sind, in Pipettenfläschchen abfüllen und destilliertes Wasser, Spülmittel oder Glycerin bereithalten. Letztere Flüssigkeiten sorgen dafür, dass der Inhalt beim Glasschütteln langsam auf den Boden sinkt. Die Kinder befüllen ihr Glas zuerst fast randvoll mit destilliertem Wasser. Danach geben sie entweder bunt gefärbtes Öl oder Glitzerstaub hinein und anschließend zwei Tropfen Spülmittel dazu. Falls Sie Glycerin verwenden wollen, füllen Sie einen Teelöffel davon ein. Das Glycerin ist immer außer Reichweite der Kinder aufzubewahren! Zum Schluss wird das Glas mit dem Deckel ganz fest verschlossen. Wenn Sie den Deckelrand vor dem Verschließen mit etwas Silikon einschmieren, ist das Glas wirklich wasserdicht verschlossen.

Variation: Bieten Sie Klanggläser an. Als Füllmaterial eignen sich Alufolienreste, bunte Bastelfolienschnipsel, Styroporkügelchen, getrocknete Erbsen, Steinchen oder andere geräuscherzeugende Materialien.

Tipp: Sowohl die Schüttel- als auch die Klanggläser eignen sich gut als Dekorationen. Fertigen Sie vor dem Fest einige an und platzieren Sie sie dort, wo sie als Blickfang dienen und zum Ausprobieren einladen.

Spiele

Wechselndes Farbenspiel als Wanddekoration

■ Mit diesem Angebot schaffen Sie eine wechselnde Wanddekoration. Sie animiert die Gäste zum Mitgestalten oder zum Verweilen.

Stellen Sie einen Overheadprojektor in die Nähe einer freien, hellen Wandfläche, die später als Projektionsfläche dient. Platzieren Sie ein mit Wasser gefülltes, durchsichtiges Gefäß statt der Durchsichtfolie auf dem Projektor. Füllen Sie verschiedene Gefäße mit Ecoline oder Tinten und legen Sie einige Pipetten oder Spritzen bereit. Vorsichtig geben die Kinder tröpfchenweise Ecoline in das Wasser. Achten Sie darauf, dass es nicht zu viel wird, da sonst der Effekt verschwindet. Ab und zu müssen Sie das Wasser auswechseln, da es nach einiger Zeit trüb wird.

Ecoline
Ecoline ist konzentrierte, flüssige Wasserfarbe (Tinte). Sie haftet hervorragend auf Aquarell- und Zeichenpapier sowie auf Karton. Ecoline ist mit Wasser verdünnbar und äußerst vielseitig. Alle Farben sind untereinander mischbar.

Großes Wurfspiel

■ Malen Sie mit den Kindern eine Figur auf eine große Pappe. Die einzelnen Körperteile dienen als Treffpunkte. Je nachdem welches Körperteil getroffen wird, erhöht sich die Punktzahl. Besprechen Sie mit den Kindern, welche Stelle die höchste Punktzahl erhalten soll.

Farbenspiel mit Pipettenfläschchen

■ Dieses Spiel macht viel Spaß und ist zugleich eine schöne Übung für den Pinzettengriff, der für das Schreiben ganz wichtig ist. Besorgen Sie aus der Apotheke vier Pipettenfläschchen oder organisieren Sie leere Nasentropfenflaschen, die Sie gründlich reinigen. Füllen Sie diese mit Wasser. Geben Sie jeweils eine Lebensmittelfarbe dazu. Die Kinder sitzen beim Spiel an einem Tisch und würfeln jeweils einmal mit einem Farb- und einem Zahlenwürfel. Jedes Kind hat eine Noppenunterlage für Seife vor sich liegen. Je nach Würfelergebnis setzen sie Farbtupfer auf die Noppen. Ist die Unterlage ausgefüllt, müssen die Tropfen wieder eingesammelt werden. Diesmal müssen die Kinder die Farbtupfer mit der Pipette wieder aufsaugen und in die entsprechende Flasche zurückgeben.

Spiegelmalen

■ Befestigen Sie ein Blatt Malpapier auf einem Spiegel. Darauf malt das Kind nach seiner Vorstellung ein Bild. Allerdings darf es dabei nicht auf sein Blatt sehen, sondern muss in den Spiegel schauen. Es muss also spiegelbildlich malen. Das ist nicht einfach, macht aber viel Spaß.

Feiern

Gesicht einfügen
■ Lassen Sie die Kinder auf eine Tafel oder ein großes Blatt Papier ihr Gesicht ohne Nase, Augen und Mund malen. Anschließend verbinden Sie den Kindern der Reihe nach die Augen, drehen Sie sie einmal und führen Sie sie dann an die Tafel. Jetzt müssen sie versuchen, ihr Gesicht zu vervollständigen und richtig einzumalen. Wer das am besten schafft, gewinnt einen Preis.

Kleider-Staffel
■ Die Mitspieler werden in zwei gleich große Gruppen aufgeteilt. Vor dem jeweils ersten Kind liegen ein Mantel, ein Schal, eine Mütze und Handschuhe. Auf Kommando müssen sie diese Dinge anziehen und eine vorgeschriebene Strecke damit laufen. Dann geben sie die Sachen dem Nächsten weiter. Dieser muss wieder alles anziehen, bevor er loslaufen darf. Welche Mannschaft zuerst fertig ist, hat gewonnen. Die Strecke darf natürlich ein bisschen schwieriger gestaltet werden.

Parcours aufbauen
■ Bauen Sie einen Hindernisparcours auf. Diesen laufen je zwei Spieler entlang. Die Kinder klettern zunächst unter einem Stuhl oder Tisch hindurch, müssen anschließend über eine Wippe, durch einen Stofftunnel und über zwei Matten. Ein Teilstück kann auch rückwärts überquert werden. Gewonnen hat derjenige, der als Erster das Ziel erreicht. Am Ende des Parcours kann noch ein Fühlpfad auf die Kinder warten. Gestalten Sie einige Fühlkästen (Anleitung siehe im Aktionsteil „Gestaltung") und stellen Sie sie auf. Als Zusatzaufgabe muss erraten werden, was sich in den Kästen befindet.

Blinde überwinden Hindernisse
■ Dieses Angebot wird in Zweiergruppen gespielt. Bei einem Fest können dies Eltern und Kinder gemeinsam spielen. So dürfen sich die Väter mal von ihren Kindern über eine Strecke dirigieren lassen. Die Kinder verbinden ihren Vätern die Augen und dirigieren sie als „Blinde" von der Start- zur Ziellinie. Spannender wird das Spiel, wenn Sie noch einige Hindernisse einbauen, die umgangen oder überwunden werden müssen. Sie können das Spiel zudem erweitern, indem Sie auf halber Strecke einen Gegenstand deponieren, der von dem „Blinden" zum Ziel gebracht werden muss. Etwas schwieriger wird das Spiel, wenn das sehende Kind nicht mitgehen darf, sondern stets an der Startlinie stehen bleiben und von hier seine Kommandos rufen muss.

Geschickt und schnell auf einem Bein
■ Zeichnen Sie einen Kreis, in den Sie verschiedene Gegenstände legen. Dies können Tücher, Bälle, Stöcke oder ähnliche Dinge sein. Dann markieren Sie auf zwei Seiten im gleichen Abstand zwei Startlinien. Aufgabe der Spieler ist es, von der Linie aus jeweils nacheinander einen Gegenstand aus der Mitte zu holen, allerdings dürfen sie dabei nur auf einem Bein hüpfen.

Kulinarisch sinnliche Genüsse

■ Bauen Sie ein kulinarisches Büffet auf und dekorieren Sie alles in frischen Farben. Gestalten Sie Früchte aus bunter Pappe, die Sie als Streuartikel auf dem Tisch verteilen. Hängen Sie einen Ast mit ein paar kleinen Spiegelkugeln über das Büffet.

Athleten-Müsli

■ Nehmen Sie etwa zwei Tassen Weizen oder ein Getreide Ihrer Wahl. Schroten Sie dies (geht sehr gut mit einer altertümlichen Hand-Kaffeemühle) und weichen Sie es für sechs Stunden in Wasser ein (am besten über Nacht). Das Korn sollte eben mit Wasser bedeckt sein. Decken Sie die Schüssel mit einem Teller ab.
Jetzt nehmen Sie frisches Obst dazu, das Sie zuvor klein geschnitten haben. Am besten eignen sich Apfel, Banane, Pfirsich oder Mango, Trauben und Erdbeeren. Aber auch Papaya schmecken köstlich in diesem Müsli. Geben Sie noch kleine gehackte Nüsse oder ganze Sonnenblumenkerne und Sesam hinzu. Zum Schluss fehlt nur noch ein Esslöffel Honig und ein ordentlicher Schuss frische Sahne.

Haferflocken-Kekse

Zutaten
100 Gramm fein gemahlenes Weizenmehl
200 Gramm zarte Haferflocken
200 Gramm Margarine
2 Eier
3 Esslöffel Wasser
50 Gramm Zucker
2 Fläschchen Zitronenaroma oder 1 geriebene Zitronenschale

■ Schlagen Sie die Margarine mit dem Zucker und den Eiern schaumig. Rühren Sie das Wasser unter. Jetzt mischen Sie das Mehl und die Haferflocken hinzu. Zuletzt geben Sie die Zitrone dazu. Aus dem Teig formen Sie mit zwei Teelöffeln walnussgroße Kugeln auf ein gefettetes oder mit Backpapier ausgelegtes Backblech und drücken diese etwas flach. Die Kekse werden bei 160 Grad Celsius etwa 30 Minuten gebacken.

Bananen-Chips

■ Stellen Sie mit den Kindern Bananenchips her. Dafür benötigen Sie lediglich Bananen und Honig.
Schälen Sie die Bananen und schneiden Sie diese in dünne Scheiben. Bestreichen Sie die Bananen dünn mit Honig. Breiten Sie die Bananenscheiben anschließend auf einem Trockenrost so aus, dass sie nicht übereinander liegen. Jetzt müssen die Bananen-Chips nur noch trocknen, bis sie knackig sind und sich gut beißen lassen.

Feiern

Früchtecocktails

Ananas-Erdbeer-Cocktail

Erfrischende Getränke dürfen bei einem Fest selbstverständlich nicht fehlen. Was liegt da näher, als leckere Früchte zu mixen. Für sechs Gläser benötigen Sie:

400 Gramm Ananas (in Stücken)
300 Gramm Erdbeeren (geviertelt)
300 Milliliter Wasser
4 Teelöffel Honig
6 ausgepresste Orangen
4 Teelöffel Zitronensaft

■ Mixen Sie die Ananasstückchen mit dem Wasser und Honig oder streichen Sie die Ananas mit einem Pürierstab durch ein Sieb. Anschließend vermischen Sie den Saft mit dem Orangen- und Zitronensaft. Rühren Sie die Erdbeeren in den Ananassaft und füllen Sie das Getränk in Gläser. Zur Verzierung können Sie einige Ananasstückchen und Erdbeeren auf bunte Spießchen stecken.

Pfirsich-Melonen-Cocktail

Für sechs Gläser benötigen Sie:
40 Gramm Pfirsiche (Stückchen)
400 Gramm Zuckermelone (ebenfalls kleine Stücke)
3 ausgepresste Orangen

■ Pürieren Sie alle Zutaten ganz fein oder streichen Sie diese durch ein Sieb. Gut gekühlt schmeckt dieses Getränk sehr erfrischend. Auf bunte Spießchen können Sie ein Stück Melone oder eine Physalis stecken. Das sieht besonders edel aus.

Stoffsammlung

Damit Sie die Übersicht behalten: Stellen Sie sich hier Ihr eigenes Projekt zusammen.

Forschen und Entdecken

Gestalten

Bewegen und Musizieren

Spielen

Feiern

PeP: Körper

Service

Redewendungen von Kopf bis Fuß

Ein Brett vor dem Kopf haben
Die Bauern hängten störrischen Ochsen ein Brett vor den Kopf, um ihre Sicht zu beeinträchtigen und sie leichter führen zu können. Einer anderen Erklärung zufolge beeinträchtigt das Joch die Denkfähigkeit des Ochsen und macht ihn so gefügiger.

Haare auf den Zähnen haben
Diese alte Redewendung kommt aus der Zeit, in der Haare ein Zeichen für Kraft waren. Sehen wir die Mähne eines Löwen, denken wir auch heute noch an Stärke, Kraft und Mut. Ein Mann mit Haaren auf den Zähnen, gilt als besonders stark! Eine Frau mit Haaren auf den Zähnen ist hingegen nicht nur stark, sondern schroff und beinahe bissig.

Beiß die Zähne zusammen
Wer nicht laut schreien oder weinen will, presst die Zähne zusammen. Wer seinen Schmerz, seine Wut oder seine Angst nicht zeigen soll oder darf, muss die Zähne zusammenbeißen.

Die Zähne zeigen
Diese Redewendung stammt aus der Tierwelt und bezieht sich auf Tiere, die drohend ihre scharfen Zähne zeigen.

Einen Zahn zulegen
In den Burgküchen hingen die großen Töpfe über den Feuerstellen an gezackten, einem Sägeblatt ähnlichen Eisenschienen. So konnte die Hitze reguliert werden. Sollten die Speisen schneller garen, wurde der Topf näher ans Feuer gehängt. Es wurde ein Zahn zugelegt.

Die Hosen anhaben
Im Alltag bedeutet diese Redensart, dass die Frau im Haus bestimmend ist. Diese Redewendung stammt aus einer Zeit, als Frauen das Tragen von Hosen nicht gestattet war und der Mann im Hause allein zu bestimmen hatte.

Jemandem etwas in die Schuhe schieben
Zur Zeit der fahrenden Gesellen war Diebstahl an der Tagesordnung. Manch ein Dieb schob sein unrechtmäßig erworbenes Gut schnell einem anderen „in den Schuh", wenn er erwischt zu werden drohte.

Kalte Füße bekommen
Eine Redensart, die am Spieltisch entstand und eine beliebte Ausrede war, um das Spiel abzubrechen und so seinen Gewinn zu sichern.

PeP: Körper

60

Service

Jemandem eine Abreibung verpassen
Die „Abreybung" ist ein Begriff aus der Tierpflege. Allerdings werden hier die Tiere nicht verprügelt, sondern gesäubert. Der Begriff ist seit dem 17. Jahrhundert belegt. Im Sinne von „Bestrafen" wird er erst seit der ersten Hälfte des 20. Jahrhunderts gebraucht.

Jemandem etwas abknöpfen
Reiche Herren trugen früher häufig goldene oder silberne Knöpfe, Münzen oder Medaillen an ihren Röcken. In Geberlaune verschenkten sie diese gelegentlich.

Jemandem das Wasser reichen
Im Mittelalter speisten die Menschen mit den bloßen Fingern. In vornehmen Häusern reichten die Untergebenen den Gästen vor und nach dem Essen eine Schale Wasser, um ihnen das Waschen der Finger zu ermöglichen. Wer nicht einmal das Wasser reichen durfte, stand gesellschaftlich weit unten.

Fersengeld geben
Fersengeld ist seit dem 13. Jahrhundert belegt und wird gelegentlich mit dem alten Wort „Färse" in Verbindung gebracht (Färse = junge Kuh). Der „Sachsenspiegel" kennt „versen penninge" als Abgabe bei der Ehescheidung.

Etwas aus dem Boden stampfen
Das feste Aufstampfen ist ein uralter Brauch, um Dinge herbeizuzaubern.

Platzen vor Neid
Diese Redensart geht auf eine Fabel des römischen Fabeldichters Phaedrus aus dem 1. Jahrhundert zurück, in welcher sich ein eitler Frosch mit einem Ochsen messen will. Er bläst sich so sehr auf, dass er platzt.

Asche aufs Haupt streuen
Im Buch Hiob (Altes Testament) wird diese Wendung als Ausdruck für „Reue zeigen" verwendet.

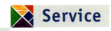 Service

Literatur

Bilder- und Vorlesebücher

Kathryn Cave, Chris Riddell: **Irgendwie Anders.** Oettinger Verlag. 1994.
Irgendwie Anders lebt ganz allein auf einem hohen Berg. Doch eines Tages findet er einen Freund.

Grethe Fagerström, Gunilla Hansson: **Peter, Ida und Minimum. Familie Lindström bekommt ein Baby.** Ravensburger Buchverlag. 1992.
Dieses Buch im Comic-Stil eignet sich ideal für die Aufklärung von Kindern ab dem Vorschulalter.

Dagmar Geisler(Illustrator): **Mein Körper gehört mir.** Loewe Verlag. Bindlach 2001.
Dieses Buch für Kinder ab 5 Jahren wurde mit dem Kinder- und Jugendbuchpreis des Deutschen Ärztinnenbundes e. V. ausgezeichnet.

Sachbücher

Karin Arndt, Irmgard Paule: **Ich kenn mich aus! Mein Körper.** Arena. 2000.

Brigid Avison: **Warum knurrt mein Magen und andere Fragen über meinen Körper.** Tessloff Verlag. Nürnberg 1997.

Emilie Beaumont, Sylvie Michelet: **Dein Körper.** Fleurus. 1998.

Nicolas Harris, u.a.: **Die unglaubliche Reise in den menschlichen Körper. Wandere durch die inneren Organe des Körpers.** Tessloff Verlag. Nürnberg 2000.

Detlef Kersten(Illustrator): **Was Kinder wissen wollen.** OZ Verlag. 2002.
Das Buch für Kinder ab 5 Jahren gibt verblüffende Auskünfte über den Körper.

Michele Longour: **Wie funktioniert mein Körper?** Coppenrath. Münster 2001.
Dieses Buch ist für Kinder ab 4 Jahre geeignet.

Patricia Mennen: **Erstes Wissen. Unser Körper.** Ravensburger Buchverlag. Ravensburg 1999.
Eine Sachgeschichte für Leseanfänger rund um den menschlichen Körper.

Zita Newcome: **Mein Körper und ich von A bis Zeh.** Betz Verlag. Wien 2001.
Das Buch für Kinder ab zwei Jahren widmet jedem Körperteil und seiner Funktion eine Doppelseite. Auch erstes Wissen über Körperpflege, Krankheit und Wachstum wird vermittelt.

Sylvaine Perols (Herausgeber): **Der Körper.** Bibliographisches Institut. Mannheim 1995.
In diesem Sachbuch für Kinder ab 3 Jahren geht es vor allem auch um Unterschiede.

Andreas Piel: **Zeig mir die Welt. Mein Körper.** Gondrom-Verlag. Bindlach 2001.

 Service

Pete Rowan, John Temperton: **Mensch. Rekorde rund um den menschlichen Körper.** Sauerländer Verlag. 1995.
Das Buch für Kinder ab 6 Jahren erläutert die faszinierende Vorgänge im Körper.

Doris Rübel: **Wieso? Weshalb? Warum? Wir entdecken unseren Körper.** Ravensburger Verlag. Ravensburg 1998.
Ein Sachbilderbuch mit zahlreichen Spielelementen und altersgerechten Informationen. Viele Klappen und Stanzungen ermöglichen Einblicke in den menschlichen Körper.

Sylvia Schneider: **Mein Körper ist mein Haus. Eine spielerische Entdeckungsreise für Kinder.** Christophorus Verlag. 2000.

Esther Elisabeth Schütz/Theo Kimmich: **„Körper und Sexualität" – Entdecken, verstehen, sinnlich vermitteln –** Herder Verlag Freiburg. 2001.

Philippe Simon (Herausgeber): **Dein buntes Wörterbuch des menschlichen Körpers.** Fleurus Verlag. 1995.

Pierre-Marie Valat (Illustrator): **Licht an. Wunderwelt Körper.** Bibliographisches Institut. Mannheim 2002.

Richard Walker: **Faszination Mensch. Eine Reise durch den menschlichen Körper.** Dorling Kindersley Verlag GmbH. Starnberg 2001.
Lebendige Erklärungen und digitale Fototechniken machen diese Reise zum Erlebnis.

Frag doch mal. Körper. Fleurus Verlag. 2002.
Dieses Buch beantwortet rund 500 Fragen zum menschlichen Körper.

Mein erstes Körperbuch. Loewe Verlag. Bindlach 1996.

Was ist da drin? Mein Körper. Herold-Spectrum. München 1992.

Bücher zum Thema

Ylva Ellneby, **Die Entwicklung der Sinne – Wahrnehmungsförderung im Kindergarten.** Lambertus Verlag.

Patricia Mennen, **Schau, wie gut das riecht!** Christophorus Verlag.

Liane Schoefer-Happ, Dieter Allgaier, Cindy Wallin: **Gute Haltung – tierisch stark.** Kösel Verlag.

PeP
*Projekte entwickeln
für die Praxis*

Redaktion und Verlag
*Cornelia Schönfeld
Kathrin Schwerdtfeger
Telefon 0761/2717-437
Fax 0761/2717-343
Verlag Herder
Hermann-Herder-Straße 4
79104 Freiburg i. Br.*

Autorin dieser Mappe
*Sandra Hänsch
Schillerstraße 14
31141 Hildesheim
Gabriele Wensky
Hasestraße 40
31137 Hildesheim*

Illustrationen
Unen Enkh

Korrespondenz
Unverlangt eingesandte Manuskripte ohne Rückporto sowie Besprechungsexemplare werden nicht zurückgeschickt

Erscheinungsweise
jährlich 6 Ausgaben

Bezugspreise
jährlich im Abonnement € 13,90 je Ausgabe, Einzelheft € 15,00 je Ausgabe, alle Preise zzgl. Versandkosten

Layout-Konzept
*Büro MAGENTA
Freiburg*

Gestaltung und Satz
*HELLA DESIGN
Markus Hella
Kandelstraße 30
79331 Teningen*

Druck
*Freiburger Graphische Betriebe
Bebelstraße 11
79108 Freiburg-Hochdorf*

Papier
Gedruckt auf chlorfrei gebleichtem Papier

Anmerkung des Verlages
Wir danken den Verlagen und Rechteinhabern für die Erteilung der Abdruckgenehmigungen. Bei einigen Texten war es trotz gründlicher Recherchen nicht möglich, die Inhaber der Rechte ausfindig zu machen. Honoraransprüche bleiben bestehen.

Ausgabe 4/2003
zum Thema »Tiere« wird ab dem 16.07.2003 ausgeliefert

Bestellungen
*Verlag Herder
Frau Catrin Tinn
79080 Freiburg
Telefon 0761/2717-244
Fax 0761/2717-249*

ISSN 1436-5383
ISBN 3-451-73037-5

Ein Buch für Kinder ab 4 Jahren, das auf den chinesischen Bewegungskünsten Taiji und Qigong basiert. Zwölf Tiere leiten die einzelnen Übungen an.

Veronika Pinter-Theiss, Christian Theiss (Herausgeber): **Bewegt durchs Leben – Psychomotorik als Beitrag zur Entwicklung des Menschen.** Verlag Hölder-Pichler-Tempsky.

Elisabeth Wagner: **Sehen - hören - spüren: Sinnesspiele für Kinder von 3 bis 8.** Don Bosco Verlag.

CD-Rom

Eine Reise durch den Körper für Kinder. Kiribatis Körper.
Eine interaktive Reise durch den Körper zeigt, wie er aufgebaut ist, arbeitet und funktioniert. Zur besseren Verständlichkeit werden die Texte vorgelesen. Mit vielen Spielen und Bastelanleitungen.

Diverses

Die Körper-Box. Ars Edition. 1996.
Diese Box enthält das Modell eines Skeletts, ein farbiges Poster, sechs Aktivitätskarten, je ein Wechselbild „Das Muskel-System"/ „Die Atmung"/ „Das Skelett", eine Klappkarte über den Kreislauf, sechs Originaldokumente, ein Organ-Puzzle und ein 16-seitiges Begleitbuch.

Bundeszentrale für gesundheitliche Aufklärung: **Körper, Liebe, Doktorspiele 1. bis 3. Lebensjahr.**
Bundeszentrale für gesundheitliche Aufklärung: **Körper, Liebe, Doktorspiele 4. bis 6. Lebensjahr.**
Ein kostenloser Ratgeber für Eltern von der BzgA.